上海教育出版社　江苏第二师范学院

學校管理

第二辑

2024 No.2

编委会

地　　址：南京市北京西路 77 号

电　　话：025-83758200

电子邮箱：njxuexiaoguanli@126.com

图书在版编目（CIP）数据

学校管理. 第二辑 / 江苏第二师范学院主编. 上海：上海教育出版社，2024.6 . — ISBN 978-7-5720-2687-4

Ⅰ. G658.3

中国国家版本馆CIP数据核字第2024SM3062号

策划编辑　刘美文
责任编辑　马丽娟
封面设计　陆　弦

学校管理　第二辑
江苏第二师范学院　主编

出版发行　上海教育出版社有限公司
官　　网　www.seph.com.cn
地　　址　上海市闵行区号景路159弄C座
邮　　编　201101
印　　刷　上海盛通时代印刷有限公司
开　　本　787 × 1092　1/16　印张 5.25
字　　数　105 千字
版　　次　2024年6月第1版
印　　次　2024年6月第1次印刷
书　　号　ISBN 978-7-5720-2687-4/G·2422
定　　价　15.00 元

如发现质量问题，读者可向本社调换　电话：021-64373213

卷首语

校长的“四格”气象

格局是一个人眼光、胸襟、胆识等心理要素的内在布局。校长是一校之魂，是教师中的大教师，在学校管理中要有“四格”气象。

国格意识，坚守“国之大者”的教育高格。教育是国之大计、党之大计；教师是兴教之本、立教之源。校长要始终围绕“培养什么人、怎样培养人、为谁培养人”这一教育的根本问题做文章。“为谁培养人”是教育元问题、教育的战略方向。作为校长，要始终恪守“为党育人、为国育才”的国格和初心不变。“培养什么人”是教育的首要问题。作为校长，要有培养国家和民族未来的历史责任和担当。“如何培养人”是要明确教育全过程的操作路径。校长要站在国家和时代的高度，在学校教育教学行动中深入探讨和科学回应。可见，践行习近平总书记教育“三问”，就是新时代校长的大格局，是校长应有的教育情怀。习近平总书记对教师一系列要求就是校长“国之大者”的大格局。

校格建设，诠释新质力量的教育文明。校格是学校的格局，是社会文明的风景。一要重视学校整体精气神建设，在校园形成团结紧张、严肃活泼，万众一心、健康向上的学校生态。二要从我做起，以为国、为民、为来日的责任担当意识，一把手带领班子、班子带领中层、中层带领教师和职工，做好校风、教风、学风建设。三要充分发挥学校共产党员的先锋模范作用，将每位党员与学校教职员工组成若干党员示范组，在工作、生活、家庭上互帮、互助、互学、互促，全面带动全校消减负能量、增强正能量，形成团结、奋斗、争先、高质的学校新生态，塑造更好的社会形象和社会口碑。四要以制度管人，以规则管事，并根据时代的发展、实际的需要，不断充实完善制度，使整个学校管理越来越科学、运转越来越有效。

人格魅力，赋予领导崇高的教育幸福。人格魅力是指校长管理学校所表现出来的个人品质、行为和影响力。“一个好校长就是一所好学校”的共识就是强调校长人格魅力对学校的影响。校长是学校的旗帜，是学校的精神领袖。校长的教育信念、教育情怀、知识修养、道德品位和健康积极的人生态度，无不濡染和浸润着师生，引领着师生。大气是一种人格魅力。养好校长的大气，既有仰望星空的博大、深邃，又有脚踏实地的平稳、厚实，才能使学校走得更高、更远。乌申斯基说：“教师的人格就是教育工作者的一切，只有健康的心灵才有健康的行为。”人格魅力是校长最崇高的幸福。要从公信力、领导力、教学力、共情力、创新力、学习力等方面塑造校长的人格魅力。

品格行事，挥写学校气质的教育美学。校长品格决定学校气格。学校品位取决于校长的品格和品质。一要塑造精神气象，积淀学校文化，始终保持教师积极向上、开拓进取、不怕困难、迎难而上、不骄不躁的精神状态，体现学校的校训、校风，让学校成为一座严格而自由、充满活力的校园。二要加强美感认知，学校之美源于校长的审美能力。每位校长都有管理能力，但不是每位校长都有审美能力。校长要加强美学知识的学习，增强艺术熏陶，以审美能力的提升增强学校的美感水平。三要建设美丽校园。建设美丽中国，以文化人、以美育人，都要求学校加强文化建设，提高校园美感。要从新校规划、建设，老校改造、提升开始，加强学校物型课程建设，在物美、物理、物趣、物语上下功夫，建构万物育人的校园课程情境。四要行事追求美感。学校是育人的圣地，也是人美的宝地。要将唯美追求、审美做事作为学校高质量发展、高水平管理、高品质成果的文化风尚，让学校每个人都感受到学校之美和在学校的学习之美、生活之美、事业之美。

以有限的人生活出最大的格局。人生有限，格局无限。格局就在于开格开局，梦想有多大格局就有多大。从大事着眼、小事着手，这就是人生无限的格局。

江苏省教育学会常务副会长兼秘书长

省教育厅原二级巡视员　马　斌

目　录

38 教师发展

46 教研探索

54 学生成长

68 教法实践

“贤师型”青年教师成长范式

◎ 王蓓伦 / 江苏省苏州市吴江区思贤实验小学

摘　要　生态取向的青年教师成长范式认为，青年教师的成长与其自身的性格、志向有密切联系，在很大程度上也与其他教师、学校平台、相关制度等因素有关。思贤实验小学积极探索青年教师成长的路径，形成了“贤师型”青年教师成长范式。“贤师型”青年教师成长范式兼顾内外，内修德，外修能；内反思，外实践；内发力，外引援。着重为刚入职青年教师提供成长的良性土壤，为种子教师制订个性成长规划，精准发力；为卓越教师提供更广阔的舞台，成就每一个教师。

关键词　生态取向　“贤师型”　青年教师成长范式　兼顾内外　范式实践

教师成长范式是指促进教师专业成长的理论视角、价值取向、框架结构、实践方式等，它不等同于具体的技术策略，而是整体性的框架。教师成长范式是理论和实践的有机整合。苏州市吴江区思贤实验小学（以下简称“思贤实小”）基于社会生态系统理论，构建“贤文化”场域，探索青年教师成长的途径与方法，形成了“贤师型”青年教师成长范式。

一、生态取向：青年教师成长范式的价值取向

美国心理学家布朗芬布伦纳最早提出了社会生态系统理论。他认为个体是嵌套于相互影响的一系列环境系统之中的，系统与个体相互作用，促进个体的发展。查尔斯·扎斯特罗将生态系统分为微观系统、中观系统、宏观系统三个层次。微观系统是指个体本身，中观系统是指与个体直接接触的群体，宏观系统则是包含与个体间接接触的群体在内的更大的群体。

如果把学校看作一个完整的生态系统，那么微观系统就是指教师个人，中观系统是教研组、年级组等，宏观系统则包括所有教职工及学生在内的群体。三个层面的系统互有影响，不可分割。本文将青年教师定义为年龄在35岁以下，教龄在15年以下的教师。青年教师的成长与其自身的性格、志向有密切联系，在很大程度上也与其他教师、学校平台、相关制度等因素有关。

（一）宏观层面：文化牵引青年教师成长

学校对青年教师的“宏观调控”主要表现在文化、制度、平台等方面。

1. 文化润心

青年教师的职业观容易受到所在学校的文化的影响。校风、校训等文化因素都影响着青年教师的理念，学校文化对青年教师的成长起着重要的形塑作用。

2. 制度规范

学校以制度规范青年教师的言行，在一定程度上“逼迫”着青年教师成长。在“七认真”制度、赛事制度等规范下，不管是青年教师的主观意愿，还是专业能力，都会有所提高。学校制度起到“强制入轨”作用。

3. 平台助推

青年教师的成长离不开学校平台的助推。青年教师发展在一定程度上是隐性的，学校通过搭建平台，使青年教师的隐性成长显性化，使青年教师被更多人看到。通过平台进行展示，青年教师积累职称评定、骨干评选等素材，加快成长步伐。

（二）中观层面：团体促进青年教师成长

人是群体动物，青年教师在学校中会接触到很多人，同一办公室的、同一教研组的、同一年级组的，这些是青年教师接触最多的人，这些人对青年教师的成长也有重要影响。

1. 同群效应

同群效应就是指个体会受到群体行为的影响，而趋向于模仿或遵循大多数人的选择或行为，即使这种选择或行为与他们原来的意愿不同。周围教师积极进取，青年教师也会事事争先。相反，周围教师懒散放纵，久而久之，青年教师在自身发展方面也会懈怠。

2. 团体互助

青年教师的成长不是单打独斗，更不是闭门造车。同一教研组、年级组的教师或许不是名师名家，却能为青年教师提供最接地气、最直接的经验与帮助。青年教师在参加优质课评比、教师基本功比赛时，虽是个人上场，但背后同样是需要团队支持的。青年教师身边的这些成熟教师，就是青年教师成长的最大助力。

（三）微观层面：职业韧性加快青年教师成长

外因始终要通过内因起作用，青年教师的职业动机与职业韧性直接影响着自身的成长。

1. 职业动机

职业动机是直接引起、推动并维持个体的职业活动以实现一定职业目标的心理过程。青年教师的职业动机决定其在教育教学过程中的态度。青年教师若有较强的职业动机，则会在专业发展中投入较多的时间与精力。反之，则会应付了事，不会主动寻求发展。

2. 职业韧性

职业韧性是个体适应变化的职业环境或从职业逆境中回弹的能力。任何人的职业发展都不可能是一帆风顺的，青年教师在成长过程中会遇到各种困难与挑战，若能在逆境中保持初心，败而不馁，逆境之后必将迎来新的机会。若遇到逆境就一蹶不振，丧失对职业发展的信心，个人专业成长则遥遥无期。

二、兼顾内外：“贤师型”青年教师成长范式的特征

青年教师成长受到宏观、中观、微观三个层面的影响，而微观、中观、宏观三个系统也是相互渗透、相互联系的，“兼顾

内外”是“贤师型”青年教师成长范式的最显著特征。

（一）内外兼修，内修德，外修能

“贤”在《说文解字》中被解释为：“多才也，从贝臤声，胡田切。”《汉字图解字典》则说：“贤，本义指多财，引申为才德过人。”由此可见，“贤”具有两方面内涵，一为有才能，二为有德行。“贤师型”青年教师的培养目标就是要使青年教师德才兼备。所谓“德”，即高尚的师德，既要保持教育情怀，又要对学生倾尽爱心。所谓“才”，即从事教育教学工作的能力，要站得稳讲台，形成自己的教学风格与教学主张。

（二）内外同行，内反思，外实践

课堂始终是教师的生命线，青年教师需要在不断的实践中磨炼自己，才能提高教学设计能力，学会管理学生的方法。“贤师型”青年教师成长范式重视青年教师的外在实践，一方面重视家常课堂的监督评价，另一方面将其置于“高台”与“焦点”处，以比赛或展示的方式进行磨炼。“贤师型”青年教师成长范式同样重视青年教师的内在反思，主张通过反思，如撰写教育叙事、教学论文、案例分析等方式，将外在的技术性的能力内化为自己的认知，从根本上提升自己的专业素养。

（三）内外合力，内发力，外引援

青年教师的成长是宏观系统、中观系统、微观系统的综合影响，宏观系统会对中观系统产生影响，微观系统也会对宏观系统产生反作用。三个系统是密不可分，互相影响的。基于生态取向的“贤师型”青年教师成长范式通过内外合力成就青年教师。于内，关注青年教师个体的心理变化，以“见贤思齐”的校园文化激发青年教师内驱力。于外，重点建设教研组、年级组等共同体，使青年教师在既和谐互助又良性竞争的环境中进步。当学校内部力量不足时，及时引入外援，通过名师专家领路、搭建展示平台，加速青年教师成长。

三、“贤师型”青年教师成长范式的实践

思贤实小秉持“见贤思齐”的校训，兼顾内外，致力于培养“贤师型”青年教师，多年来积累了一定经验。

（一）前期：多措并举，丰沃土壤

与成熟教师相比，青年教师更易受到周围环境影响，正如稚嫩的种子更依赖于环境。思贤实小一贯重视营造校园文化，致力于为青年教师提供成长的良性土壤。

1. 文化浸润，激发内驱力

在思贤实小，随处可见“见贤思齐”“一日一小贤，一生成大贤”“人各有贤，各贤其贤”等文化标语。学校精心布置校园，让青年教师在不知不觉中受到“贤文化”的浸润，使青年教师自发向贤，自觉成贤。

学校经常性开展阅读贤书活动。共读贤书，教师边读边作批注，记录所思所想，从书中汲取先贤智慧。读后交流，在论坛上进行思想碰撞，在教研组内取长补短，最终达到“见贤思齐”的目的。

2. 入门把关，提高监督力

教师职业生涯的第一年对青年教师的成长尤为关键，第一年是如何度过的对青年教师的终身成长有着极为重要的影响。所以，思贤实小非常重视入门这一关，要为青年教师系好第一粒扣子，帮助青年教师迈好第一步。

学校为每位青年教师聘请师父。第一年，每一位青年教师每周必须听一节师父的课，师父每周必须对徒弟进行一次课堂指导。随后的几年，每位青年教师每学期必须听四节师父的课，师父每学期必须对徒弟进行四次课堂指导。学校会对师徒结对的材料进行考核，加强监管力度。成熟而优秀的教师带着青年教师一步一个脚印地前行，在成长道路上稳扎稳打。

3. 上岗考核，唤醒成就力

学校会对入职一年、入职三年的青年教师进行全面考核，用考核的方式促使青年教师不断努力，唤醒青年教师的成就动机。

对于上岗一年的青年教师，学校重点考察其课堂管理能力，关注其是否能注意到每一个学生、管理好课堂纪律、完成一堂课的教学任务。对于上岗三年的青年教师，学校重点考察其教学设计能力，关注其是否能吃透教材、完善教学流程、提高课堂学习效率。

（二）中期：多管齐下，培养种子

每个人的个性特征不同，适合的路也不同。青年教师具有不同的优势与劣势，学校通过观察、座谈会、个别谈心等方式，发现青年教师的个性与特长，与青年教师共同制订个性成长规划，精准发力。

1. 提炼亮点，培养德育种子

有的青年教师擅长与学生交流交往，在管理学生方面别有智慧。思贤实小挖掘青年教师在管理方面的特长与亮点，助推其在德育方面的成长。

学校在班集体建设中引入项目化管理，让班主任对班集体建设进行整体设计。每位班主任一个学期做1—2个项目设计，德育处及时跟进项目的计划、实施，帮助青年班主任教师及时反思、改进。学期末，德育处会推出一批班级项目化管理优秀案例，并从中发现班级管理的“好苗子”，进行重点培养，使其在德育之路上走得更长更远。

2. 先后“富裕”，培养教学种子

每一位青年教师都需要站稳讲台，但不可否认，每个人的天赋不同，有的青年教师在教学方面具有特别突出的能力，学校要发现这部分青年教师的天赋，鼓励其“先富起来”，然后“以先富带动后富”。

学校以省、市、区级优质课评比、基本功比赛为契机，先行开展校内“比武”，通过笔试、试讲、现场授课等方式层层筛选出“教学种子”。在青年教师进行比赛时，学校全力以赴，为其组建团队，让其“先富起来”。待到这部分青年教师成长起来后，又可反哺团队，“以先富带动后富”，最终实现“共同富裕”。

3. 课题引领，培养教科种子

学校鼓励青年教师在不同的领域发光溢彩。新时代要求教师成为研究者，思贤实小挖掘具有理性思维的青年教师，助推其在教科路上长足发展。

学校高度重视课题研究工作，鼓励并帮助青年教师拥有自己的小课题。在课题研究的各个节点上，提供文献研究、调查研究、案例研究、结题报告撰写等方面的指导，提高青年教师的科研能力。教育论文的撰写是科研能力的重要体现。思贤实小多年来坚持开展“一文多磨”活动，让青年教师根据自己研究的课题撰写论文，然后经历多轮打磨，提高写作能力。多年的坚持让学校在江苏省“教海探航”、江苏省优秀教育管理论文等重量级赛事中收获丰硕，也让众多青年教师在教科研领域崭露头角。

（三）后期：多维联动，向阳而生

每个人都有被尊重的需要，青年教师的成长也需要被外界认可。学校鼓励青年教师成名，并提供平台让其在阳光下大放异彩。

1. 条线先进，提高认可度

思贤实小每个学期都会在各个条线评选出先进集体或个人。例如，德育处根据班级管理成效等方面，评选"优秀班主任"和"优秀德育导师"；教科室根据读书情况、论文撰写情况等，评选"先进科研工作者"。学校还会选择特别突出的个人在期末总结会议或期初工作会议上进行经验的分享和交流，一方面是促进教师之间交流，让其他教师"见贤思齐"，另一方面也提高了青年教师的自我认同感。

2. 最美贤师，增强品牌度

除了在各条线上评选先进集体或个人，学校每学期还会评选出"最美贤师"。"最美贤师"是校内最高荣誉，这是学校、家长对青年教师全方位的肯定，有助于青年教师形成自己的"品牌效应"。

3. 向外助推，迈上新高度

除了校内平台，学校还竭尽全力将青年教师推上校外更高、更广阔的舞台。通过条线评选、"最美贤师"评选等活动，学校选拔出一批优秀青年教师，推荐其申报区级荣誉、区级骨干等。成长是内心的丰盈，但也少不了外在的衡量。一张张证书、一个个奖牌，有助于青年教师获得自我成就感，增强职业幸福感，激发其更强劲的职业动机。

青年教师的成长是一个复杂的过程，不同特点不同阶段的青年教师需要不同的方法、路径去成就自我。思贤实小的"贤师型"青年教师成长范式融通宏观系统、中观系统、微观系统的力量，通过制度文化、教师文化，唤醒青年教师自我成就动机，使每一位青年教师都能发挥特长，形成自己的教学风格与教学主张，在社会层面上得到肯定，成就自我。［本文系江苏省教育科学"十四五"规划 2021 年度一般课题"'贤文化'背景下青年教师成长范式建构的行动研究"（编号：J-c/2021/12）成果之一］

【作者简介】王蓓伦，女，江苏省苏州市吴江区思贤实验小学副校长，一级教师。

参考文献

［1］王丽，周子怡．从平凡走向卓越：一位乡村青年教师的成长叙事探究［J］．当代教育与文化，2023，15（05）：48—57.

［2］吴永军．促进教师专业发展：范式、途径、方法［J］．当代教育科学，2007（12）：19—21.

［3］嵇玉梅．教师专业成长的有效范式探索［J］．山东教育，2021（10）：20—21.

小学综合实践教师教学关键能力的内涵、结构与提升策略

◎ 刘奇生 / 江苏省苏州市吴江区思贤实验小学

摘　要　小学综合实践教师教学关键能力指教师在考察探究、社会服务、设计制作、职业体验四类主题的教学中，在培养学生价值体认、责任担当、问题解决、创意物化四方面能力的过程中，起决定性作用的能力，分为课程理解能力、课程开发能力、课程实施能力与课程评价能力。课程理解能力包括课程认同能力、课标解读能力；课程开发能力包括课程规划能力、知识整合能力、资源利用能力；课程实施能力包括活动组织能力、动手实践能力、方法指导能力；课程评价能力包括对学生评价能力、对教师评价能力。本文从行政部门的科学研训、学校单位的校本研修、教师个体的主动学习三个方面提出小学综合实践教师教学关键能力的具体提升策略。

关键词　综合实践　教学关键能力　结构模型　提升策略

2017年，教育部印发《中小学综合实践活动课程指导纲要》(以下简称《指导纲要》)。《指导纲要》将综合实践活动作为国家的必修课程，要求教师从学生生活出发，选择活动主题，通过探究、制作等方式，培养学生的综合素养。然而，目前国家层面并没有明确综合实践教师需具备的教学关键能力。因此，探讨综合实践教师的教学关键能力是个值得研究的课题。

一、小学综合实践教师教学关键能力的基本内涵

“小学综合实践教师教学关键能力”属于组合概念。只有分析“小学综合实践教师”与“教学关键能力”两个子概念的应然属性，才能深刻把握“小学综合实践教师教学关键能力”的本质内涵。

（一）“小学综合实践教师”教学理念分析

教学理念是指教师对教学持有的看法和观念。《指导纲要》从课程目标、课程开发、课程实施、课程评价四个方面规定了综合实践课程的理念。课程目标上，培养学生价值体认、责任担当、问题解决、创意物化等能力；课程开发上，要面向学生的生活世界；课程实施上，注重实践与生

成；课程评价上，主张多元评价。

综合实践教师需要遵循上述综合实践课程的理念。课程实施时，综合实践教师应根据学生生活需要，选择主题，在实践活动中评价学生的表现，发展学生的综合素养。

（二）“教学关键能力”本质分析

能力是个体掌握和运用知识技能所需的个性心理特征。能力多种多样，有大有小。《辞海》对“关键”一词的解释为“门闩或功能类似门闩的东西，比喻事物最关紧要的部分”。因此，关键能力是指个体含有的起决定性作用的个性心理特征。而“教学关键能力”则指教师在实施教学活动时，起决定性作用的能力。

综合实践活动课程内容并非固定的，具有开放性、生成性等特点，但并不意味该课程无章可循。《指导纲要》将综合实践活动课程活动方式分为考察探究、社会服务、设计制作、职业体验四种方式，并推荐了很多主题。因此，“小学综合实践教师教学关键能力”理应体现为在实施上述四类主题中起决定性作用的能力。

（三）“小学综合实践教师教学关键能力”的概念形成

通过对“小学综合实践教师”和“教学关键能力”两个子概念的分析，本研究将“小学综合实践教师教学关键能力”概念定义为：教师在考察探究、社会服务、设计制作、职业体验四类主题的教学中，在培养学生价值体认、责任担当、问题解决、创意物化四方面能力的过程中，起决定性作用的显性技能与隐性潜力。

二、小学综合实践教师教学关键能力的结构模型

在解读《指导纲要》，概括小学综合实践教师教学关键能力基本内涵的基础上，本研究构建了小学综合实践教师教学关键能力结构模型（见图1）。

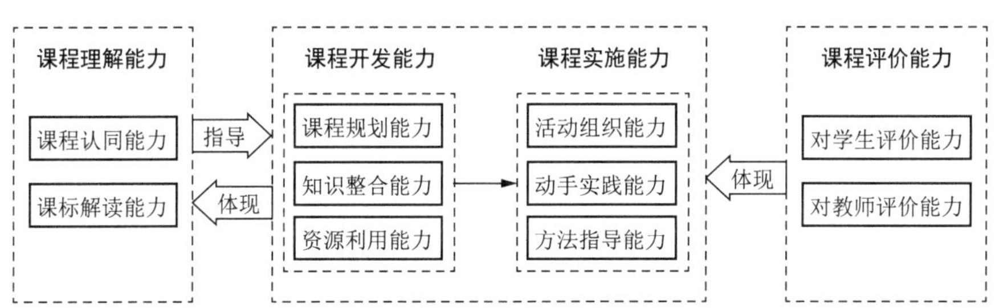

图1　小学综合实践教师教学关键能力结构模型图

课程理解能力包括课程认同能力、课标解读能力；课程开发能力包括课程规划能力、知识整合能力、资源利用能力；课程实施能力包括活动组织能力、动手实践能力、方法指导能力；课程评价能力包括对学生评价和对教师评价两种能力。这四种能力相互促进，共同构成综合实践教师的教学关键能力。课程理解能力属于教师的情意素养，指导教师进行课程开发与实施。教师的课程开发能力也体现教师的课程理解能力。教师的课程开发能力为课程的顺利实施奠定基础。课程开发与实施能力是教学关键能力的核心要素。课程评价能力是对课程实施效果的评估。

（一）课程理解能力

综合实践教师的课程理解能力包括课程认同与课标解读两种能力。

1. 课程认同能力

课程认同是指教师能认同综合实践活动的特点与价值。综合实践活动强调学生综合运用知识，解决现实问题。教师只有热爱综合实践活动，才能促进学生综合素质的发展。

2. 课标解读能力

课标解读能力是指教师能对课程纲要进行准确理解的能力。《指导纲要》为综合实践活动的实施提供了方向。因此，教师应准确地理解《指导纲要》的思想。

（二）课程开发能力

综合实践教师的课程开发能力包括课程规划、知识整合、资源利用三种能力。

1. 课程规划能力

综合实践教师能对主题进行整体上的规划。教师应精选主题，引导学生将主题研究推向深入。例如，在“探秘非遗苏扇”中，教师从体验苏扇、探究苏扇、物化苏扇等维度设计课程，引导学生深入研究。

2. 知识整合能力

综合实践是跨学科课程，自然要求教师具备多学科知识。实施跨学科知识整合，成为综合实践教师的必备素养。例如，在“探秘非遗苏扇”中，我们将“苏扇”主题与语文、数学等学科内容整合，帮助学生知识联结，拓宽视野。

3. 资源利用能力

综合实践教师应利用各种资源服务于课程开发。在课程开发中，我们可以利用各学科教师的专业优势，如利用美术教师开发“动漫年画”课程；利用科学教师开发“未来机器人”课程等。

（三）课程实施能力

有效的课程实施，离不开教师高水平的课程实施能力。综合实践教师的课程实施能力包括活动组织、动手实践、方法指导三种能力。

1. 活动组织能力

综合实践活动是以“小组合作”方式进行学习的。这需要教师运用有效的方法组织教学，对课堂教学中各种要素进行调控，以使各项活动顺利进行，学生得以发展。

2. 动手实践能力

动手实践能力指教师能掌握手工设计与制作的基本技能。教师的动手实践能力能给予学生“学习示范”，促进学生创意物化、实践能力的发展。

3. 方法指导能力

研究方法一般包括观察、体验、调查、实验等。在课堂教学中，教师不仅要教会学生事实性知识，还要传授策略性知识，以指导学生如何开展实践活动。

（四）课程评价能力

综合实践教师的课程评价能力包括对学生评价、对教师评价两种能力。

1. 对学生评价能力

对学生评价，即能对学生的学习效果做出正确的价值判断。《指导纲要》指出，应对学生的表现进行多元评价与综合考查。因此，教师应采用质性评价方式，将学生在综合实践活动中的表现与成果作为评价的依据。

2. 对教师评价能力

对教师评价，即能对教师自身的教学内容、教学过程、教学效果等进行评估与反思。综合实践课程实施完成，教师应能对自己的教学效果进行判断。教师若能及时评价课程实施效果，则有利于促进自身专业的发展，提高综合实践实施的质量。

三、小学综合实践教师教学关键能力的提升策略

影响综合实践教师教学关键能力形成的因素主要有外部因素和内部因素。据此，笔者从以下三个方面提出具体策略，有效地提升综合实践教师的教学关键能力。

（一）行政部门的科学研训

各市、县（区）级教研部门要承担起教师的培训任务，为综合实践教师教学关键能力的形成提供充分的专业支持。

1. 提供“菜单式研训”

在培训内容上，教研部门可根据综合实践活动特点及教师需求，提供菜单式研训。如举办“名师课堂观摩”，让教师现场学习好课，提升教学能力；开展知识讲座，拓宽教师的课程视野。教师的研训不能只“走马观花”，教研部门应给教师布置合适的作业，使教师深度地参与研训任务。

2. 实施“劳动手工坊”

为提高教师的动手实践能力，教研部门可挖掘本地课程资源，实施丰富的“劳动手工坊”。如非遗课程视野下的“苏扇手工坊”“刺绣手工坊”等，通过组织教师进行技艺的实践，增强教师对综合实践价值的认同。

3. 开发“区域课程标准”

综合实践活动课程开发主体主要为各地、各校。教研部门可探索适合本区域的《综合实践活动开发与实施标准》。教师也可以对照区域课程标准，提高、反思自己的课程开发与实施能力。

（二）学校单位的校本教研

学校要为教师的专业发展提供资源，推进“校本教研”，让学校成为教师进行教学与研究的理想场所。

1. 开展“组内研讨”

组内研讨指同组教师围绕某一主题，展开深入研究、讨论的活动。开展“组内研讨”时，成员们进行“头脑风暴”，互相启发，商讨综合实践活动的主题内容、实施路径等。

2. 实施“一课多磨”

一课多磨是教师不断打磨自己的课堂，提高课堂品质的过程。在实施“一课多磨”时，通过教师上课、成员听评课等活动，不断地打磨课堂教学，提高综合实践教师的活动组织能力。

3. 启动“贤书共阅”

贤书共阅是大家共同阅读一本好书。启动“贤书共阅”时，教师根据教学需要，推荐阅读书目，研读书目，开展“读书分享会”，提升其跨学科知识整合能力。

4. 聚焦“课题研究”

“课题研究”是让教师从课堂实践中发现问题，对问题进行思考，鼓励教师积极申报课题，对课题进行探索，形成课例、论文等成果，发展教师的教学研究能力、反思能力。

（三）教师个体的主动学习

综合实践教师教学关键能力形成的关键在于教师“主动学习”。

1. 教师要向生活学习

向生活学习意味着教师要热爱生活。教师要善于发现生活中美好、有趣的事物，喜欢探索生活的奥秘，能把在生活中遇到的问题转化成可供学生研究的主题。

2. 教师要向他人学习

综合实践教师在开发课程时，离不开他人的帮助。在课程开发时，教师应积极

（下转第 31 页）

浅谈提升小学数学教师教学关键能力的策略

◎ 沈　琦 / 江苏省苏州市吴江区思贤实验小学

摘　要　教师关键能力包括育德能力、课堂教学能力、作业与考试命题设计能力、实验操作能力、家庭教育指导能力。这些关键能力是教师胜任工作岗位的通识性能力。本文所指的教学关键能力则是教师能在工作岗位上脱颖而出的能力。本文以《义务教育数学课程标准（2022 年版）》为依据，将小学数学教师教学关键能力归纳为教师的逻辑思维能力、数形结合的能力、信息技术与数学课程融合的能力、整体把握教学内容的能力，并从国家、学校、教师个人三个方面，提出提升小学数学教师教学关键能力的策略，从而在提升小学数学教师教学关键能力的同时，提高小学生的数学核心素养。

关键词　小学数学教师　教学关键能力

2019 年 6 月 23 日，中共中央、国务院印发的《关于深化教育教学改革全面提高义务教育质量的意见》，具体明确了高素质专业化教师应该具备的关键能力，包括育德能力、课堂教学能力、作业与考试命题设计能力、实验操作能力、家庭教育指导能力。这些关键能力是支持教师胜任工作岗位的通识性能力。本文所指的教学关键能力则是与学科有关，具有学科特色，是教师在具备通识性关键能力的基础上能在某学科上做得更好的必备能力。本文所指的小学数学教师的教学关键能力是以《义务教育数学课程标准（2022 年版）》为依据，具有小学数学鲜明学科特色的教学能力。

一、提升教师教学关键能力的意义

（一）提升教师教学关键能力是进一步深化教学改革的关键

教学改革是为了更科学地落实学科核心素养，培养更适合社会需要的社会主义接班人。教学改革的践行者是教师，所以只有教师具备教学关键能力才能更好地把握课堂教学，让课堂提质增效，在有限的时间里让学生在课堂这个主阵地上获得更多的学科知识，形成更多的学科素养。所以，提升教师教学关键能力是进一步深化教学改革的关键。

（二）提升教师教学关键能力是教师专业发展的方向

教师发展必然面临教师专业发展。目前有的教师认为教师专业发展是指能够撰写专业的教学论文，能够在各级各类教学基本功比赛、优质课比赛中获奖。诚然，参加各类比赛、撰写论文是教师专业发展的一种形式，但是，由于比赛名额限制，每个学校能去参加各类教学比赛的教师并不多，所以更多的教师在教师专业发展上必须寻找新的方向，锤炼教师教学关键能力是一个新的方向。所有教师在具备教师通识性的五大关键能力的基础上应锤炼自己的教学关键能力。小学数学教师若每天都锤炼自己的教学关键能力，那么即使不参加各类比赛也会成为优秀的教师。所以，锤炼教师教学关键能力是教师专业发展的新方向。

（三）提升教师教学关键能力是提高课堂教学质量的关键

提高课堂教学质量是一个永恒的主题。如何提高课堂教学质量源头在教师，只有教师的理念是科学的，教学技能是娴熟且全面的，那么提高教学课堂质量才有可能。比如在小学数学课堂教学中要让学生用数形结合的思想解决一些问题，如果教师自身不具备数形结合的专业技能，给学生教学也就无从谈起了。所以，教师发展自身教学关键能力，不仅能让自己成为优秀教师，同时也是提高课堂教学质量的关键。

（四）提升教师教学关键能力是学生核心素养发展的支柱

不管是提升教师的关键能力或者教学关键能力，都是为了让教师更好地胜任教师这个岗位，教师具备优秀的教学关键能力才能更好地实现培养学生核心素养这一重要教育目标。教师发展了，学生才能发展，所以提升教师教学关键能力是学生核心素养的支柱。

二、小学数学教师教学关键能力内涵解读

根据《义务教育数学课程标准（2022年版）》，笔者认为小学数学教学关键能力有四种。

（一）逻辑思维能力

《义务教育数学课程标准（2022年版）》指出：“数学是研究数量关系和空间形式的科学。……数学在形成人的理性思维、科学精神和促进个人智力发展中发挥着不可替代的作用。”可见，数学需要培养学生的逻辑思维能力，且与其他学科不同的是，数学的逻辑思维能力高于其他学科。要想培养学生的逻辑思维能力，数学教师必须自身具备较强的逻辑思维能力。

（二）数形结合的能力

浙江省小学数学特级教师刘善娜提倡“画数学”。刘老师提出的“画数学”的主体是学生，在学生学会“画数学”之前，小学数学教师必须自己先能够“画数学”。《义务教育数学课程标准（2022年版）》中强调：“数学源于对现实世界的抽象。”“重视数学内容的直观表述，处理好直观与抽象的关系。”在数学中架起抽象与直观桥梁的重要方式之一就是数形结合。数形结合不仅仅是一种数学思想，也是一种学好数学的能力。在培养学生数形结合能力之前，教师必须先有数形结合的能力。

（三）信息技术与数学课程融合的能力

《义务教育数学课程标准（2022年版）》中强调："促进信息技术与数学课程融合。"随着信息技术的发展，信息技术越来越融入生活，越来越融入教学，借助信息技术，能将有些抽象的数学知识形象化。如在苏教版小学数学六年级下册《圆柱的体积》这个内容中，如何获得圆柱体积的计算方法是一个非常复杂的过程。教师如何将转化的过程形象化地展示给学生？可以借助信息技术，将转化的过程做成电脑动画，让学生形象地感知圆柱体积转化的过程，深刻理解圆柱的体积是底面积乘以高。所以，作为小学数学教师必须具备信息技术与数学课程融合的能力，这样有利于教师更好地将抽象的数学知识进行形象化教学，让学生对抽象的数学知识理解得更透彻。

（四）整体把握教学内容的能力

《义务教育数学课程标准（2022年版）》中强调："为实现核心素养导向的教学目标，不仅要整体把握教学内容之间的关联，还要把握教学内容主线与相应核心素养发展之间的关系。"这也是新的课程标准的要求，新的课程标准颁布时间不久，所以对教师来说完成这个要求具有挑战性。教师只有具备整体把握教学内容的能力，才能实现学生核心素养的形成。教师在发展整体把握教学内容能力的时候，要主动将教学内容结构化，注重教学内容与核心素养的关联。

三、小学数学教师教学关键能力的提升策略

提升小学数学教师教学关键能力意义重大。笔者认为，在平时的教育教学中，可以从国家、学校、教师个人三个方面全方位提升小学数学教师的教学关键能力。

（一）构建提升小学数学教师教学关键能力的师范教育课程

2017年教育部印发的《普通高等学校师范类专业认证实施办法（暂行）》，明确师范生的毕业要求包括"一践行、三学会"，其中的"三学会"就是教师关键能力，即学会教学（含学科素养和教学能力）、学会育人（含班级指导、综合育人能力）、学会发展（含学会反思、沟通合作能力）。可见师范教育课程已经意识到要提升师范生的关键能力。这样的关键能力是一个普通师范生作为教师的必备技能。师范类学校首先要将提升师范生的教学关键能力作为师范生的专业培养目标，同时也必须设置能提升师范生教学关键能力的课程，这样才能为更多的师范生未来成为优秀教师奠定良好的基础。

（二）建构促进小学数学教师关键能力发展的校本评价机制

加强相关政策衔接融通，将教师教学关键能力纳入教师日常教学考核。这样的评价机制更多的是校本性的。国家与地方教育部门对教师的考核主要是教师资格证与教师编制选拔考试的考核。这两项考核主要从宏观角度对愿意从事教师工作的人员进行考核。这样的考核一般难以看出教师是否具备良好的教学关键能力。所以离教师最近、最了解教师发展的学校必须承担起这个责任。

目前大部分学校对教师的评价机制主要是教学"七认真"考核、教学质量考核，结合这两项评价的结果每个学期再评选出

“优秀教学工作者”。这样的评价制度并没有凸显出评价教师的教学关键能力。学校的评价制度是引领教师专业发展的风向标，所以学校必须建构促进小学数学教师关键能力发展的校本评价机制，彰显教师关键能力在教师专业发展中的重要性。

促进小学数学教师关键能力发展的校本评价机制就像教学“七认真”考核机制一样，由学校主导，对教师的考核由具体的七个方面组成，但是这七个方面的内容并不是由教师独立完成的，而是在教学过程中开展一系列的教研组活动、校级研讨活动，让教师在这些研讨活动中理解自己该如何展开、如何完善这七个方面的工作。该评价机制也能让教师更好地理解教学关键能力，更好地提升自身的教学关键能力。

（三）培养提升小学数学教师关键能力的自觉品质

国家的师范教育课程已经有专门的课程为师范生在将来从事教师职业时具备教师教学关键能力奠定了基础，学校也建构了促进小学数学教师关键能力发展的校本评价机制，但最终提升小学数学教师关键能力的落实者是教师本身，所以培养提升小学数学教师关键能力的自觉品质至关重要。

首先，要更新教师的教育理念。要将提升教师教学关键能力这一行为变成教师认可且愿意去执行的一个教育理念。理念的改变可以从理论学习开始，如开设一系列相关内容的讲座。与师范院校开设的相关课程不同，这些讲座的内容是一线教师、专家在实践中形成的一些教学经验和理论，更符合教师发展的需要。其次，理念的改变可以构建一些教学关键能力学习的共同体，让教师在这些共同体中去形成提升小学数学教师关键能力的自觉品质。这些共同体中的教师定时、定点、定主题地开展交流研讨活动，培养提升小学数学教师关键能力的自觉品质。

学生改变的根本在于教师，只有教师是一个全面发展、教学技能全面、教学关键能力扎实的优秀教师，才能推动学生的改变，才能让学生更好地养成学科核心素养。教育就像一棵大树，树根就是教师，只有根基深厚，才能吸收更多土壤中的营养，让大树枝繁叶茂。[本文系中国教育学会2021年度教育科研规划课题“‘贤文化’场域中青年教师教学关键能力提升的行动研究”（编号：202132002004B）成果之一]

【作者简介】沈琦，女，江苏省苏州市吴江区思贤实验小学教科室副主任，一级教师。

参考文献

[1] 中华人民共和国教育部. 义务教育数学课程标准（2022年版）[M]. 北京：北京师范大学出版社，2022.

小学科学教师实验教学关键能力的提升路径

◎ 倪仁英 / 江苏省苏州市吴江区思贤实验小学

摘 要 小学科学教师实验教学关键能力是指教师在小学科学实践中运用科学实验的教学方法，促进学生科学素养和科学精神的发展所需要具备的一系列核心能力，具体分为实验设计能力、实验组织能力、实验评价能力。在教学中可以通过深入解读教材，改进实验教学，实现从有限到有效；有效组织管理，规范实验操作，达成从混乱到严谨；恰切评价方式，改进学习过程，完成从自我到拓展等方式来提升小学科学教师实验教学关键能力。

关键词 小学科学 实验教学关键能力 基本内涵 结构模型 提升路径

《义务教育科学课程标准（2022年版）》指出，教师要结合学生的生活体验，创设真实的生活情境，开展科学实验，并充分利用相关的科学知识和科学技术，引导学生了解科学的发展，认识生物体的稳态，初步理解个体生命活动的规律。所以，“小学科学教师教学关键能力”应指向科学实验，聚焦教师的实验教学关键能力。科学实验是科学学科的核心内容之一，是体现科学性和系统性特征的重要形式，是对科学知识进行验证和探究的途径。

一、小学科学教师实验教学关键能力的基本内涵

“小学科学教师实验教学关键能力”是一个组合概念，它由“小学科学教师”与“实验教学关键能力”两个子概念组成，着重分析这两个概念，才能更加全面、深刻地理解“小学科学教师实验教学关键能力”的本质内涵。

（一）“小学科学教师”的理念分析

“小学科学教师”通常是指在小学阶段从事科学教育教学工作的教师。他们除了要具备扎实的科学专业知识外，还需要有相应的教学技能和教育理念。在教学中，小学科学教师树立“以探究为主导、以学生为中心”的教育理念，注重培养学生的创新思维和实践能力，关注学生的个性化发展和全方面成长，引导学生积极探索和实践，能够运用科学知识解决日

常生活中的问题，树立正确的科学观和方法论。

（二）“实验教学关键能力”的本质分析

实验教学是小学科学教学中的重要环节。它是指在教师指导下，学生运用感观、实验器材等在控制条件的基础上进行动手操作，以掌握科学知识、发展探究能力为目的的课堂教学。通过实验可以更直观地展示科学原理和现象。实验教学关键能力是指科学教师在进行实验教学过程中所需要具备的一系列能力和技能。实验教学关键能力包括但不限于实验设计能力、实验操作技能、实验过程管理能力、实验结果分析能力以及实验教学策略的灵活运用能力。这些能力的本质在于通过实验教学促进学生的综合素质发展，让他们在实践中掌握科学方法和技能。

（三）“小学科学教师实验教学关键能力”的概念形成

通过对“小学科学教师”及“实验教学关键能力”两个子概念的分析研究，可知“小学科学教师实验教学关键能力”是指小学科学教师在教学实践中通过开展科学实验的方法，促进学生科学素养和科学精神的发展所需要具备的一系列能力。此外，教师需要通过不断的实践和培训，提升自己的实验教学关键能力，以提高教学质量和学生成绩。

根据对《义务教育科学课程标准（2022年版）》的深入解读，笔者将“小学科学教师实验教学关键能力”分为实验设计能力、实验组织能力、实验评价能力。

二、小学科学教师实验教学关键能力的结构模型

通过剖析小学科学教师实验教学关键能力的内涵，深入学习《义务教育科学课程标准（2022年版）》，笔者构建了小学科学教师实验教学关键能力的结构模型（见图1）。

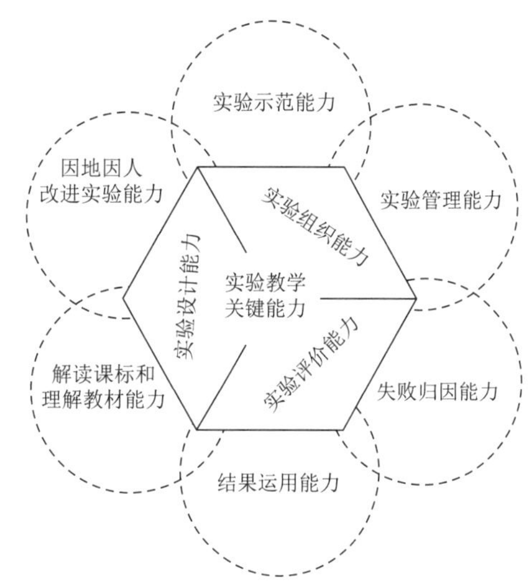

图1　小学科学教师实验教学关键能力结构模型图

其中，实验设计能力包括解读课标和理解教材能力、因地因人改进实验能力；实验组织能力包括实验示范能力、实验管理能力；实验评价能力包括失败归因能力、结果运用能力。这6个关键能力各有特点，发挥着不可或缺的作用，能力与能力之间又有千丝万缕的关系，既相互独立又有许多关联，它们共同构成了小学科学教师实验教学关键能力。

（一）实验设计能力

解读课标和理解教材能力以及因地因人改进实验能力是进行实验设计的基础，也是实验成功的基本保障。

1. 解读课标和理解教材能力

教师需要深入研读《义务教育科学课程标准（2022 年版）》，明确其中的课程理念、教学原则等。教师还要熟读教材，领会教材编写者的意图，对于其中的教学大纲和相关教材内容，教师要领会其核心思想，准确把握实验的目的、内容和重点，以确保实验内容符合教学要求，能够有效地帮助学生达成学习目标。

2. 因地因人改进实验能力

传统的实验方法往往存在一些局限性，实验效果也不是那么明显，这时就需要教师根据现有的实验材料和学生的实际情况、学习需求等灵活调整，对原有实验进行改进、完善，创设一些新颖、效果佳的实验方案，使之更贴近学生生活和实际情况，提高实验的有效性和实用性。

（二）实验组织能力

实验组织能力包括实验示范能力和实验管理能力。教师不仅要在学生实验前做好操作演示，具备示范能力，还需要在学生实验时，具备观察、引导、规范、纠正的管理能力。

1. 实验示范能力

科学教学中的实验形式多样，按照其操作方式可以分为学生合作完成的分组实验和教师示范引领的演示实验。演示实验需要教师清晰、生动地向学生演示整个实验过程，实时告知实验操作要领和注意事项，引起学生的关注，激发他们的学习兴趣和探究欲望。

2. 实验管理能力

合理指导学生在实验过程中规范操作也是每个科学教师所需具备的素质，科学教师在教学时应当有效地组织好实验活动，包括安排实验时间、分配实验任务、管理实验设备和材料，确保实验顺利进行并保障学生安全。

（三）实验评价能力

实验中的失败归因能力和结果运用能力共同构成了实验评价能力，教师需对学生实验过程中的各个环节进行合理评价，帮助学生在失败中找原因，正确运用实验结果。

1. 失败归因能力

教师需要能够引导学生客观地分析实验失败的原因，找出问题所在并及时做出改进，引导学生正确看待实验的失败，帮助他们从失败中吸取教训，提升实验技能。

2. 结果运用能力

教师应当准确评价实验结果，针对实验结果提出深入见解，引导学生理解实验结果的意义，运用实验成果，将学到的实验知识和掌握的技能应用到实际生活中，培养学生的实践能力和创新思维。

三、小学科学教师实验教学关键能力的提升路径

在新课标中，实验被视为促进学生探究、发现、理解科学知识的关键工具，教师应引导学生通过实践去掌握科学思维和方法。

（一）深入解读教材，改进实验教学，实现从有限到有效

对于教材上提到的一些实验器材，教师不能生搬硬套，为了实验而实验。有些实验器材太过复杂，学生实验时难以控制，

实验效果也一般。这时需要教师深入解读教材，认真研究教学目标和实验要求，精心研究实验设计，反复试验，结合实际对实验进行改进，灵活运用器材，挑选出更符合要求的器材，使探究活动更加有效。这就需要教师具备改进实验的能力，也就是实验创新能力。相比其他能力而言，教师实验创新能力的达成往往需要经历一个累积的过程，才能够在思维上获得质的突破，从而产生创新的效果。教师实验创新能力的提升是教师在学习活动中对新旧经验不停地碰撞，从而使教师的自我学习能力、创新能力及评价能力得以完善和发展的过程。

例如在《热是怎样传递的》一课教学中，需要让学生更深刻地理解与巩固“热是由较热的一端传向较冷的一端”的知识点。按照教材上的实验操作难以实现，火柴不“听话”，粘火柴的凡士林涂得不均匀或者受热的位置不对，都可能导致实验失败。因此实验中可以改进教材上的实验装置，把铁丝改成长条铜片，在铜片上方放上一长条的蓝色胆矾，蓝色胆矾受热以后就会由蓝色变成白色，实验现象明显，学生可以清楚直观地看到热的传递过程，也就会更加积极主动地参与探究过程，真正实现实验的探究性，从而推动学生科学思维的全面发展。

（二）有效组织管理，规范实验操作，达成从混乱到严谨

哪怕做了再多次实验，一到实验环节，学生们就会兴奋，影响课堂纪律。这就需要教师有较强的实验组织能力，包含实验前的材料准备、演示实验能力、学生实验时的组织指导工作等。教师在上课前一定要准备好本节课所需要的实验器材，对于一些易碎品和药品，如烧杯、玻璃棒等，要多准备一些，避免学生实验时因损坏了器材而不停地找老师，造成混乱的局面。为了严格规范实验操作，教师上课时除了要在课件上重点提醒注意事项，现场演示实验也很重要，教师边讲解重点边演示，加深学生的印象，让他们做到“眼到、手到、心到”。实验时学生不仅要分工明确，做到人人有任务，教师也要四处巡视，对于实验有困难的学生及时指导，对于提前完成实验的同学也做好后续安排。

在《物体在水中是沉还是浮》一课中，教材上开始让学生认识各种实验材料，并猜测其在水中的沉浮情况，然后分发材料。实验前教师可以先演示其中的一个物体在水中的沉浮情况，规范操作，剩余的物体则由学生自行实验，实现教师由扶到放，学生学以致用。后面研究物体的沉浮与轻重的关系以及物体的沉浮与大小的关系时，教师给学生提供了材料以后，就可以让学生分组实验，从中发现规律。在整个实验环节，教师能循序渐进地引导学生，逐步增加探究的难度及复杂性。教师在不同阶段，为学生分发不同的实验材料，有利于把控课堂纪律，严密组织实验。学生进行动手实验，其思维活动也能逐层推进，逐渐认识到物体沉浮与其大小、轻重的关系的规律，建构起相关的科学概念。

（三）恰切评价方式，改进学习过程，完成从自我到拓展

正确评价是小学科学实验教学中的导

航仪，能培养学生独立自主地解决实际问题的能力，用睿智的眼光观察实验现象，用科学的头脑决策实验疑问。《义务教育科学课程标准（2022年版）》也提出了“重视科学评价，促进学生发展”，并具体指出：“强化过程评价，重视‘教—学—评’一体化，关注学生在探究和实践过程中的真实表现与思维活动；探索增值评价，发挥评价的诊断功能、激励作用和促进作用，关注个体差异，改进学习过程。”也就是说，教师在教学中对学生的实验过程进行评价，是为了对学生的学习进行即时诊断，更清楚地了解每个学生掌握了哪些知识，对于哪些内容还模糊不清，哪些知识点被遗漏了，判断学生根据已有的知识能做些什么，可以达到什么程度。这样做可以激励学生更好地学习和改进教师的教学行为，提升教师的实验评价能力。

如在《多种多样的动物》一课中，学生需要根据分类标准给动物们分类。大部分学生很快就做出了正确的判断，但也有一些同学把蜘蛛和蝴蝶、蝗虫归为一类，认为它们都是昆虫。问其原因，回答蜘蛛也有头、有触角、有足等。教师评价身体上有三对足的动物属于昆虫，鼓励学生再认真思考并适时追问蜘蛛有几对足。学生冷静思考后，很快找出了问题所在，蜘蛛因有四对足，所以不属于昆虫。这只是一个简单的分类实验，可为什么学生还是会犯错呢？究其原因，说明学生对昆虫的概念是模糊的，这时教师的评价就显得尤为重要了。虽然一些学生的实验失败了，但是教师的评价是鼓励性的，可帮助学生共同寻求错误的原因。只有学生亲自研究获取的发现才最有说服力，能帮助他们树立科学严谨的研究态度。而对于实验成功的学生，教师可以提出更高的要求，引导他们将所学应用于实际生活。

总之，科学实验教学关键能力的提升不仅是科学教育的重中之重，也是塑造学生科学思维、培养科学精神的重要途径。科学教师应牢牢把握实验教学这一关键环节，引领学生体验科学、探究科学，让他们在实验中收获知识、增长智慧。［本文系中国教育学会2021年度教育科研规划课题“‘贤文化’场域中青年教师教学关键能力提升的行动研究”（编号：202132002004B）成果之一］

【作者简介】倪仁英，女，江苏省苏州市吴江区思贤实验小学教科室副主任，一级教师。

参考文献

［1］中华人民共和国教育部．义务教育科学课程标准（2022年版）［M］．北京：北京师范大学出版社，2022.

［2］王渊渊．基于核心素养的高中物理教师教学能力建构［D］．临汾：山西师范大学，2019.

［3］孙爱青．教师实验能力的构成要素及理论建模研究［J］．教育，2022（28）：6—9.

小学音乐教师教学关键能力的内涵与提升路径

◎ 顾梦倩 / 江苏省苏州市吴江区思贤实验小学

摘　要　小学音乐教师教学关键能力是指小学音乐教师在音乐学科教学中，能够有效传授音乐知识、技能，培养学生音乐素养和审美能力所必须具备的一系列能力，包括专业能力、组织能力和跨界能力。专业能力包括音乐理论知识、音乐演奏和表演技能、音乐创作和编曲能力。组织能力包括课堂教学管理能力、学生评价与反馈能力。跨界能力包括跨学科能力和跨文化能力。小学音乐教师应提升音乐专业素养，提高演奏、演唱、表演技能，提升沟通交流能力。

关键词　小学音乐　教师教学　关键能力

在当前教育改革的背景下，小学音乐教育在培养学生的全面素养中扮演着重要的角色，受到了越来越多的关注。随着社会的快速发展和文化的多元化，小学音乐教师面临着前所未有的挑战和机遇。他们不仅需要具备深厚的音乐专业知识与实践能力，还需要掌握有效的教学方法和手段，以应对学生多样化的学习需求和兴趣。因此，构建小学音乐教师学科教学关键能力模型显得尤为重要，这不仅是提升教师自身能力的需要，更是提高小学音乐教育质量、培养优秀人才的重要途径。

一、小学音乐教师教学关键能力的定义

关键能力，指的是个体在特定职业或领域中，完成工作任务所必须具备的核心技能和知识。对于小学音乐教师而言，关键能力则是指他们在音乐学科教学中，能够有效传授音乐知识、技能，培养学生音乐素养和审美能力所必须具备的一系列能力。这些能力不仅包括音乐理论知识和演奏技能，还涵盖了教学设计、实施和评价等多个方面。

二、小学音乐教师教学关键能力模型的框架与结构

小学音乐教师教学关键能力包括专业能力、组织能力和跨界能力。专业能力包括音乐理论知识、音乐演奏和表演技能、音乐创作和编曲能力。组织能力包括课堂教学管理能力、学生评价与反馈能力。跨界能力包括跨学科能力和跨文化能力。

（一）专业能力

1. 音乐理论知识

作为音乐教育的基石，音乐理论知识涵盖了音乐的基本元素、结构和原理。它不仅仅是一套知识体系，更是音乐创作与表演实践的指导原则。音乐基础理论涵盖了音乐史、音乐理论和声学、曲式分析等多个方面，这些元素共同构成了音乐的骨架和灵魂。

2. 音乐演奏与表演能力

音乐表演技能是音乐教育中不可或缺的一部分，它涵盖了演奏技巧、音乐理解和情感表达等多个方面。音乐表演技能可以分为演奏技能和表演技能两大类。演奏技能是指演奏者通过乐器演奏出音乐作品的能力，包括音准、节奏、音色、演奏速度等方面的控制。而表演技能则是指演奏者在演奏过程中，通过身体语言、面部表情和声音变化等手段，将音乐作品中的情感、意境和风格表现出来，使听众产生共鸣和情感投射。

3. 音乐创作和编曲能力

音乐创作是一个充满创造性和想象力的过程，它要求创作者具备扎实的音乐理论知识和丰富的表演经验。音乐创作的流程通常包括构思、作曲、编曲和制作等阶段。在每个阶段中，创作者都需要运用不同的技巧和工具来实现自己的音乐理念。

（二）组织能力

1. 课堂教学管理能力

课堂教学管理的核心要素在于建立有效的师生互动、维持课堂纪律、激发学生的学习兴趣以及提供及时反馈。在音乐教育中，这些要素尤为重要，因为它们直接关系到学生的学习效果和音乐技能的提升。

2. 学生评价与反馈能力

在音乐教育中，学生评价体系的建立与运用至关重要。一个完善的学生评价体系不仅能够客观反映学生的学习成果，还能为教师提供有针对性的教学反馈，从而优化教学方法和策略。为了构建这一体系，教师需要综合考虑学生的音乐理论知识掌握情况、音乐表演技能、音乐创作能力等多方面因素。

（三）跨界能力

1. 跨学科能力

跨学科能力指将音乐教育与其他学科的知识、技能和教学方法相结合，以实现更全面、综合的教学效果的能力。音乐与其他学科的交叉融合不仅丰富了音乐教育的内涵，也为其他学科带来了新的视角和启示。

2. 跨文化能力

跨文化能力指在不同文化背景下进行有效音乐教学和交流的能力，包括对不同文化音乐的理解、欣赏和演奏能力，以及与来自不同文化背景的学生、家长和同事进行沟通和合作的能力。

三、提升小学音乐教师教学关键能力的策略

（一）提升音乐专业素养

1. 加强音乐理论知识的学习与培训

音乐教师应该树立终身学习的理念，不断学习新知识、新技能，不断完善自己的音乐理论体系。音乐理论是音乐学科的基础，掌握音乐理论有助于教师更好地理解和教授音乐作品。教师可以通过学习音乐理论书籍、阅读教育专著等方式，不断拓宽自己的音乐视野，加深对音乐理论的理解和掌握。

加强音乐理论知识的培训也是提升小学音乐教师音乐理论知识水平的关键。为了确保教师能够掌握扎实的音乐理论基础，我们需要制订系统的学习计划和培训方案，例如可以定期组织音乐理论知识讲座和研讨会，邀请音乐领域的专家学者进行授课和指导，使教师能够接触到最新的音乐理论研究成果和教学经验。

同时，我们还可以利用现代科技手段，如在线教育平台、音乐理论软件等，为教师提供更加便捷、高效的学习途径。这些工具可以帮助教师随时随地学习音乐理论知识，提高学习效率。

2. 观摩、学习优秀演奏表演

观摩知名音乐家的演奏会，能够激发教师对音乐艺术的热爱和追求。这样的演奏会不仅能够让教师亲身感受到音乐艺术的魅力，而且能够从中汲取到丰富的教学经验和艺术灵感。

在演奏会上，教师聆听多样化的音乐作品，观察知名音乐家精湛的演奏技巧、深厚的音乐素养以及独特的艺术表现力，有助于更深入地理解不同音乐风格的表现方式和独特魅力。感受不同风格的音乐作品还有助于教师拓宽教学视野，借鉴其他领域的优秀元素，不仅丰富了教师的音乐知识，也为其教学提供了更多的灵感和素材，以便将其中的节奏、旋律等元素融入课堂教学，使音乐教学更加生动有趣。

（二）提高演奏、演唱、表演技能

1. 演奏技巧训练

为了确保训练的有效性和针对性，教师需要制订详细的训练计划，并坚持每周至少进行两次技巧训练。在训练过程中，教师可以采用多种方法，如分解练习、慢速练习和音阶练习等，以逐步提高自己的演奏水平。以钢琴演奏为例，教师可以每天安排30分钟的音阶和琶音练习，以提高手指的灵活性和控制力。同时，每周安排一次练习曲目的专项训练，通过反复练习和精细调整，逐渐提升演奏的准确性和表现力。此外，教师还可以通过参加音乐工作坊、研讨会等活动，与其他音乐教师交流学习，共同提高演奏技巧。

2. 演唱技巧训练

在声乐演唱技能的提升过程中，教师需要注重发声技巧、音乐表现力和舞台表现力等方面的训练。首先，发声技巧是声乐演唱的基础。教师需要掌握正确的呼吸方法和声音共鸣技巧，使声音更加自然、流畅。教师可以通过参加声乐培训班或请教专业声乐教练，进一步提高自己的发声技巧。其次，音乐表现力是声乐演唱的灵魂。教师需要深入理解歌曲的内涵和情感，通过演唱将歌曲的情感表达出来，感染听众。可以通过分析歌曲的旋律、节奏、歌词等元素，理解歌曲所要表达的情感和意境，进而在演唱中将这些元素巧妙地结合起来，形成独特的音乐表现力。最后，舞台表现力是声乐演唱的重要组成部分。教师需要具备良好的舞台表现力和形象塑造能力，使自己在演唱中更加自信、从容。可以通过参加演出、比赛等活动，锻炼自己的舞台表现力和应变能力。

3. 表演技能训练

音乐教师在提升音乐表演技能的过程中，可以借鉴一些经典的音乐表演理论和分析模型。例如，音乐教师可以通过学习“音乐表演心理学”等理论，了解音乐表演中的心理变化和调控技巧；通过运用“音乐表演美学”等分析模型，对音乐表演的艺术效果进行深入剖析和评价。这些理论和模型能够帮助音乐教师更加系统地提升自己的音乐表演技能。通过实践与反思相结合的方式，音乐教师能够不断提升自己的音乐表演水平。音乐教师只有不断提升自己的音乐表演技能，才能走向更加美好的音乐世界。

（三）提升沟通交流能力

1. 组织教师进行教学经验的交流活动

跨学科教学合作在小学音乐教育中具有举足轻重的地位。随着教育理念的不断更新，越来越多的教育者意识到，单一学科的教学已经无法满足现代教育的需求。音乐作为一种艺术形式，与数学、科学、语文等其他学科有着千丝万缕的联系。对于小学音乐教师来说，教学经验交流是一种宝贵的成长机会。通过与其他教师深入交流，分享彼此的教学心得，教师可以发现自身的不足，并学习他人的优秀做法。这种交流不仅能够拓宽教师的教学视野，还能够激发创新思维，推动教学质量的不断提高。除了与同行交流，教师还可以积极参与线上教学论坛的讨论，分享各自的教学经验和教学案例，通过对比不同地区的教学方法和效果，发掘值得借鉴的优秀做法。

2. 留心并利用生活中的音乐元素

生活中的音乐元素无处不在，它们以各种形式存在，为小学音乐教师提供了丰富的教学资源。观察生活我们可以发现，从街头巷尾的流行音乐，到电视电影中的背景音乐，再到商场、咖啡馆的轻松旋律，音乐已经渗透到我们日常生活的方方面面。生活中的各种声音也是音乐元素的来源，比如大自然的风声、雨声、鸟鸣声等，都可以成为音乐创作的灵感；易拉罐、锅碗瓢盆、玻璃杯等都可以成为演奏小乐器，这些音乐元素为音乐教师提供了丰富的教学素材。小学音乐教师应该充分利用生活中的音乐元素，将其融入教学。通过利用这些元素，教师可以丰富教学内容，创新教学方法，提高教学效果。

关键能力的内涵涵盖多个方面，而实现这些能力提升的途径也需要多方共同努力。我们应该高度重视小学音乐学科教师关键能力的培养和提升，为培养更多优秀的音乐教师、推动音乐教育的持续发展贡献力量。［本文系中国教育学会2021年度教育科研规划课题“‘贤文化’场域中青年教师教学关键能力提升的行动研究”（编号：202132002004B）成果之一］

【作者简介】顾梦倩，女，江苏省苏州市吴江区思贤实验小学德育处副主任，一级教师。

参考文献

［1］王静．多元文化下的小学音乐教学改革研究［D］．烟台：鲁东大学，2018.

［2］莫云．浅析小学音乐教育与教学改革的实践［J］．教育界（基础教育），2018（07）：112—113.

［3］朱韵．浅析如何提高小学音乐教学水平的途径［J］．作文成功之路（下），2016（12）：53.

专家点评

◎ 沈正元

我一直以为学校办学是需要哲学的。学校教育哲学是一所学校信奉的教育理念，是学校内涵发展、特色发展之魂，像是能点亮学校发展的一盏“灯”。

苏州市吴江区思贤实验小学是年轻的生长型学校，建校于2014年9月。难能可贵的是，学校在建校之初就确立了办学的哲学，用学校的校名中的“贤”作为哲学的发端，架构了“贤”系列的学校文化。

办学十年，奋斗十年，发展十年。思贤实验小学在“贤”文化的感召下，学生成长、教师发展、学校生长！学生、教师、学校三个元素中，教师是基础，是支点。思贤实验小学一直把教师，尤其是青年教师的培养放在重中之重的地位，确立并实践“‘贤文化’场域中青年教师教学关键能力提升的行动研究”这一课题，把课题研究定位于提供学校特定文化场域对学校青年教师的正面影响与引导，支持促进青年教师教学关键能力的发展。我认为，思贤实验小学的课题是有“根”的，又是有“魂”的，体现课题研究阶段成果的五篇论文也做到了既脚踏实地又仰望星空。

思贤实验小学的教师们在厘清“青年教师关键能力”含义的基础上，探索青年教师关键能力发展的策略。五篇论文从不同的视角对青年教师关键能力的内涵与特质、基本要素与结构等问题展开论述，有一定的深度，具有校本性特点，同时又从数学、科学、音乐等课程的角度去具体剖析，具有学科性特质。

如何发展青年教师的关键能力？这是课题研究的重点，也是难点。思贤实验小学善于创新，把教师发展从学校为主体的“培训”转型为教师为主体的“支持”，学校多方位支持教师的成长。在课题研究上，学校的青年教师既是研究主体也是实践主体，他们以不断解决自身教学关键能力提升行动中的问题为中心，在行动中研究，在研究中行动，循着“专业素养的自我认知—提升规划—实践与思辨—自我评估”的路径，有效实现自身教学关键能力的不断提升。五篇论文就是这种创新研究的结晶，都重点探讨了青年教师关键能力提升的实践问题，提炼归纳了适宜性、校本性、学科性的发展目标、内容与评价指标体系等。

五篇论文不仅体现了思贤实验小学课题的阶段成果，而且彰显了学校教育科研“以人为本、走进学科、成长教师”的研究文化，值得点赞！

【作者简介】沈正元，男，苏州市吴江区教育学会原会长，江苏省“333高层次人才培养工程”首批中青年科学技术带头人，苏州市名教师，苏州市学术带头人。

新时代学校高质量发展“关键点”探析

——以杭州市富阳区春江中学为例

◎ 章建春 / 浙江省杭州市富阳区春江中学

摘 要 教育高质量发展已成为新时代学校发展的最强音，浙江省杭州市富阳区春江中学在践行“提质强校行动”中，从“党建引领、理念体系、教学体系、课程体系、评价体系、教育共富”六个“关键点”做了探索与实践，可作为学校高质量发展的参考案例。

关键词 高质量发展 提质强校 教育体系 核心素养

党的二十大报告指出：“高质量发展是全面建设社会主义现代化国家的首要任务。”基础教育是国民教育体系的根基，更是教育强国建设的基点，对推进教育高质量发展具有重要的奠基作用。初中教育位于整个基础教育阶段的“腰部”，处于“承上启下”的重要位置。如何提高公办初中的育人质量，积极回应“公民同招”政策实施后老百姓对家门口公办初中高质量的期盼，促进义务教育优质均衡发展。富阳区春江中学自2021年实施提质强校以来，坚定“以质量为中心、向过程要质量、向研究要效率”的信念，以打造“灵动课堂”项目为抓手，坚持五育并举，紧紧围绕学校高质量发展的“关键点”，积极探索高质量办学之路，于2023年获评“杭州市公办初中提质强校专项行动成绩突出校”。

一、以党建引领为聚力点

党的领导是保证学校各项事业持续快速发展的根本政治保证。学校坚持以党建为引领，校党支部切实履行起“把方向、管大局、做决策、抓班子、带队伍、保落实”的领导职责。为提升学校党建水平，除了做好“三会一课”“固定主题党日”等常规工作，还结合学校实情，确立了以“初心、爱心、责任心”为内容的“三心”党建品牌建设。从品牌确立之初，就不断挖掘其主题内涵：以“立德树人”为“初心”，这是从学校教育的根本任务出发提出的，符合社会主义的办学方向，切合时代对学校人才培养的需求；“爱心”与“责任心”是一名教师的必备素养，是做好教育工作的基础，符合学校对教师的管理要求。

如何让“三心”党建品牌为学校高质量发展提供不竭的强大原动力？学校应注重内容构建与举措落实。

（一）在“学”和“做”上下功夫

我们始终认为，只有当党建与学校各项教育教学工作、日常活动结合才能落地，才能实实在在发挥其引领作用。党支部一方面在深化“学”上下功夫，通过学习，增强理想信念；另一方面在深化“做”上下功夫，落实育人铸魂。在“学”上下功夫，这里的“学”，指的是终身学习、与时俱进。比如，在党的二十大召开后，为深入学习贯彻大会精神，扎实开展好“六讲六进六争先”的学习实践活动。在“做”上下功夫，这里的“做”，指的是通过“党建+”育人模式，将中华优秀的传统文化、红色基因、社会主义优良传统等内容有机结合，推进学生核心素养发展。

（二）在“责”和“领”上显担当

一个成功的党建品牌是全体教育者的成果展示，因此，学校注重教师的专业素养提升。学校发展，党员首“责”。面对学校发展中的重要教育教学改革，全体党员同志率先垂范、以身作则，积极参与、志愿服务。在日常工作中，明确标准，做到“四看”（看岗位责任心、看工作担当度、看教育教学实绩、看学生喜欢度）；分层要求，明确任务，做到“五做”（支部支委：创好一个项目、联系一个教研组、带好一个年级、培养好一个教师、主持好一个课题。党员：帮扶一名学生、联系一个寝室、带好一门学科、站好一班岗、实现一个成长心愿）。支部引“领”教师，提质增效。深入开展“双培养”机制，引入名师、名校长工作室，充分搭建机制与平台，促进教师专业成长。

“三心”党建品牌的创建，成为师生的聚力点，在校内形成了“用初心感召人、用爱心凝聚人、用责任心激励人”的良好氛围，获富阳区第二批优秀党建品牌。“四看”“五做”让党建与教师工作充分结合，使党建有载体，工作有标准，评价有依据，活动有内容，师生有感受。

二、以理念体系为切入点

心所向，行所往。理念是行动的先导，决定着教师的态度、行为与价值取向。因此，一所学校的办学理念决定着学校的办学行为，一名教师的育人理念决定了教师的教学行为。改变行为要以转变思想为切入点。

（一）引导教师牢固树立“立德树人”的根本任务

“培养什么人、怎样培养人、为谁培养人”是教育的根本问题。育人的根本在于立德。初中阶段是学生身心发展的关键时期，更是学生成长的关键阶段。学校如何帮助学生形成正确价值观、必备品格和关键能力，怎样不被唯“考试刷题”、唯“分数升学”带偏，是每一所初中学校在办学过程中需要正面回应的关键问题。春江中学注重强化育人价值引领，以“关注全体、全面发展”为办学理念，坚持不放弃每一个学生。把培养“有爱心、肯担当、会合作、能创新”的博雅少年作为育人目标，积极引导学生要立大志、明大德、担大任，争做有理想、有本领、有担当的时代新人。强化课堂育人的主渠道，倡导“我是课堂主人”的理念，注重运用课堂德育与德育课堂，充分发挥课堂育人功能，强化学科育人。

（二）不断丰富“博雅”德育体系，细化三种习惯培养内涵

学校教育归根结底是“育人”，是为了每一个学生健康成长。学校坚持“以德为先、博雅成长”的办学主张，紧紧围绕培养“有爱心、肯担当、会合作、能创新”的博雅少年的育人目标，以“一种品质（善良）、两种精神（爱国、勤奋）、三种习惯（学习、生活、行为）”为抓手，依托“主题教育、主题节日、博雅课程、德育课程”，扎实开展好一年一度的“馨香春江读书节、印象春江艺术节、梦幻春江科技节、活力春江运动节、幸福春江劳动节”五大主题节日，不断拓展活动形式，丰富活动内涵，主张生活德育，提升德育有效性。学校还细化三种习惯培养内涵，如将“学习习惯”内容细化为“广闻博记、勤思善问、温故知新、力学笃行”。同时，大力弘扬社会主义核心价值观、中华优秀传统文化和革命传统文化，让劳动教育、法治教育、生态文明教育、爱国主义教育“知行合一”，为每一名学生创设展示自我的平台。

（三）构架五育融合式发展新样态

德智体美劳“五育并举”是新时代的育人要求，体现人的发展的全面性，只有“五育并举”才能构建出更高质量、更高水平的人才培养体系。而“五育融合”是“五育并举”的实施方式。学校在实施育人过程中有课程、文化、活动、管理、协同育人等通常途径。在具体实施中，如何将五育融合在过程中，从而构建起五育与育人途径融合式发展的新样态，将是育人的有效方式。如，3 月“学雷锋月”，校团委开展爱心义卖活动，它是一种活动育人的方式。这个活动的开展，不仅仅涉及学生的德育，卖什么是同学需要的，需要做调查、做决定，是智育；搭建展台与叫卖需要体力，是体育也是劳育；做一个具有吸引力的广告需要有欣赏美与创作美的能力，是美育。

三、以教学体系为关键点

减负、扩优和提质，是推进新时代中小学高质量发展的三项关键行动。学校建立科学、规范的教学体系是保证行动落实的关键点。2021 年“双减”政策出台，学校采取“守底线、重常规、抓关键、强落实”等系列举措。

（一）强化作业的设计与管理

在作业管理中，一是调结构。减少无效的作业，增加有质量的作业；适当减少单纯知识技能训练的时间，增加学生综合素养培育的时间；等等。二是提质量。自编作业，减少重复、低效的机械训练负担，增加能够调动学生积极思维、具有挑战性和创造性的实践作业。三是重个性。作业分层布置，减少学生同质化的学习负担，尊重学生的个性差异，适当减少统一强制性作业，增加学生自主性作业。四是重管理。作业公示、二次批改、个性辅导，实现闭环管理。

（二）聚焦改课，打造具有春江辨识度的灵动课堂

学校的“灵动课堂”是指师生在情感、态度、知识、技能、思想、行为等各层面同步共情、同频互动、思维共鸣、知识共长的活力型与智慧型课堂。把“问题驱动、情境调动、方法撬动、平台互动、评价触动”等五个“动”作为“灵动课堂”的构成要素。其实质是学生思维的灵动，让学习在课堂中真实发生，提升课堂育人质量。在“改课”实践中，学校尤其重视平台互动之于学生的价值，在课堂教学中搭建师生及生生之间思维碰撞、对话交流的平台，使之成为学生思维得到训练、技能得到培养、能力得到发展的主要渠道。

（三）优化以大单元、结构化为目标的教学设计

在教学设计时，教师注重以标为标，素养立意，单元构架，评价前置，将知识分为陈述性、程序性和价值性知识，针对不同知识采用不同教学策略和课堂评价方式，实现“教—学—评”一致性的教学设计。

四、以课程体系为支撑点

课程是为了给学生铺设幸福前行的跑道。学校建有以“厚德·博学”为核心的博雅课程体系，课程由基础性课程和拓展性课程两部分组成，并将具体开设的课程分解为“厚德”“博学”“致雅”三大课程板块，围绕学校培养目标、学生核心素养发展需要有目的性地开设课程，支撑学生全面而又个性地成长。

（一）基础性课程重校本化

基础性课程为国家课程，奠定学生的文化基础。在基础性课程上，一是引导教师做细做实教学各环节。二是课堂转型，关注学教关系的转变，打造核心素养导向的“灵动课堂”。三是自编校本作业，分层走班、分层作业。四是强化研究，探索如何从知识的学习转化为素养的实践。

（二）拓展性课程重精品化

学校拓展性课程包括知识拓展类、体艺特长类、实践活动类三类课程，力促课程结构化、特色化、精品化。春江中学现有啦啦操、陶笛、绘画、合唱、英语小剧本、象棋、篮球、足球等40多门成熟的课程，为学生个性化发展提供了多样化的选择。2022年，学校新建创客实验室，开设机器人、电子绘画、3D打印等8门新课程。春江中学作为首批全国青少足球特色学校，以足球为支点，倡导“以球崇德、以球启智、以球强体、以球尚美、以球促劳”，带动五育全面发展，于2023年获评“区新时代体育特色学校”。

五、以评价体系为增长点

《义务教育课程方案（2022年版）》在“创新评价方式”中提出：“关注学生真实发生的进步，积极探索增值评价。”评价需要关注进步，促进进步，能看得见每一个师生的成长。因此，学校的评价要从传统的基于问责的结果性评价走向基于改进的过程性、增值性评价。

（一）改进学生个性评价体系

学校倡导“不比基础比进步，实施多

元评价”。通过设置文明之星、进步之星、孝敬之星、体育之星等12个评选项目，鼓励学生确立争创项目，采用“自主申报、阶段评估、期末评定”的方法，激励学生个性成长。在评价过程中，学校有效构建起个体自评、同学互评和教师评价相结合的多维度、多场景的过程性评价和发展性评价，促进了学生的进步。

（二）改进学业评价方式

打破“唯分数”是评价改革的关键点，如何引导师生从分数中走出来，需要对评价做出改变。为此，学校对学生的学业质量评价从原来的分数评价变为7个等级评价，让学生看到自己的进步。同时，学校强化对学生学习过程的评价，从课堂准备、课堂表现、作业完成、作业订正等多个维度进行评价，每个维度分为4个等级，每月一总结一公布一表扬，让学生看到自己的努力。

（三）强化教师团队评价

“只有完美的团队，没有完美的个人”是学校团队的文化理念，强化团队建设，实施“年级组、备课组、班级”三级捆绑考核，适当考虑个体标准分增值评价，引导教师不放弃每一个学生，减弱个人英雄主义。

六、以教育共富为拓展点

党的二十大报告指出：“加快义务教育优质均衡发展和城乡一体化，优化区域教育资源配置。”因此，加快义务教育优质均衡发展和城乡一体化是党赋予我们的时代责任。学校勇担责任，从“互联网+义务教育”帮扶结对，到“协作型”“共建型”的教育共同体的实施，再到“教育集团”的成立，主动与省内外学校协作办学，以此作为学校高质量发展的拓展点。学校输出理念、管理、资源、教师等，在日常工作中聚焦课堂教学，同备课共教研，搭建平台，拓展教研渠道，为助力提质强校，实现区域教育共富做出春江努力。

学校办学质量没有最好只有更好，高质量发展永远在路上。今后学校将继续以高质量为主线，以提质增效为根本，不断开辟新赛道，塑造发展新优势，以实际行动推动“美好教育”再上新台阶！

【作者简介】章建春，男，浙江省杭州市富阳区春江中学校长，高级教师。

参考文献

［1］华东师范大学基础教育改革与发展研究所. 2023中国中小学教育新进展新趋势［J］. 人民教育，2023（2—3）：35.

［2］章建春. 聚集改课　打造“灵动课堂”［N］. 浙江教育报，2023-02-10.

［3］中华人民共和国教育部. 义务教育课程方案（2022年版）［M］. 北京：北京师范大学出版社，2022.

坚守：提升学校中层干部领导力的基石

◎ 金坤荣 / 江苏省苏州市吴江区盛泽第一中学

摘 要 在学校管理中，中层干部起着举足轻重的作用。在新时期，中层干部不仅需要品质优良、格局宏大和沟通协调等多方面的素质能力，而且需要用自己的课堂教学为坚守擦亮底色，用实干行动体现坚守的重点，用思考研究凸显坚守的要义，从而提升领导力，为学校管理的高质量发展赋能增效。

关键词 学校中层干部 领导力

在学校管理中，中层干部起着举足轻重的作用。中层干部可能大多是“教而优则仕”，但从教师到中层，从普通教师到学校管理者，身份的变化也会给他们提出了新的要求，他们也在变革潮流中不断推波前进。那么，学校中层干部如何提升领导力？提升哪些方面的领导力？笔者认为，学校中层干部领导力的提升需要坚持守望三项内容。

一、要坚守底线

不管是校长还是学校中层干部，总有一个共同的称呼：老师。何谓老师？老师就是进课堂讲课。要立足课堂，扎根课堂，深入课堂，才能使自己站稳脚跟，才能对得起“老师”这一称呼。也只有进课堂讲课，才能为自己的行政管理提供源头活水，才能发现新问题，产生真疑惑，继而在开展活动和落实措施中解决所遇到的困惑问题。但有些中层干部被提拔到管理岗位后，以中层干部事情多、工作重为借口，课务量大大减少，或者改教其他学科，渐渐疏远了课堂。

教育学著作《静悄悄的革命》中提出：“课堂改变，学校就会改变。”中层干部作为学校管理干部的重要组成部分，是改变学校、发展学校的中坚力量，势必要立足课堂，深耕课堂，问诊课堂，继而改变课堂，优化课堂。否则，中层干部对学校管理方面的实施、深化和提升，就成了无源之水、无本之木。中层干部也只有扎根课堂，上好课，坚守有质量的教学，才能引领好其他老师热爱课堂、专注教学。脱离课堂去强调管理，脱离教学去抓实管理，往往会是“空中楼阁”。如果走上中层岗位后离开课堂，同“教者”“师者”的身份相去甚远，既不能真切发现教学管理中的“难点”“痛点”“误点”，不利于有效管理，也不能有效贯彻教书育人的宗旨，更不能真切夯实自己的教学素养，巩固提高自己的教学能力。因此，中层干部不管多忙，也要坚守课堂教学的底线，牢牢抓住课堂，深入班级教学，提升教学素养。只有这样，学校中层干部才能在教学与管理的大道上行稳致远。

二、要坚守重点

校长先进的学校发展理念需要通过中层干部落实落地。中层干部承载着上情下达、下情上传的重要任务，也是学校领导的左膀右臂，在学校管理中起着中流砥柱的作用。中层干部要能干事、敢干事、干成事；要领会学校领导的意图，贯彻执行好相关的工作措施；也要直面一线教师的咨询疑惑，有机解决好校内有关问题。所以，中层干部的突出特点就是“实干”。在学校各项工作中，中层干部既要能指挥做，更要能带头做、协调做、亲自做。如果中层干部不以身示范，只让普通教师在前冲锋，那么他就没有正确把握中层干部的角色定位。如果中层干部碰到问题绕着走，那么这种“小乖人”的智慧和做法终究不能汇入学校管理的滚滚洪流中。因此，实干是中层干部工作的重点，要坚守而不偏移。

“实干”，要在脑子里扎根，在行动中凸显。扎扎实实地做，主动智慧地做，有效有序地做，做好表率地做，不能按照死板的程序去机械地落实。扎实的行动需要跟进督导，凡有布置，必有检查；凡有问题，必有反馈。扎实的行动需要精通分管事务，抓实抓好条线工作，落在“实”字上。每一项工作都要有计划拟订、措施推行、过程巡查、结果审视和反思总结，防止虎头蛇尾、半途而废。

三、要坚守要义

哲学家帕斯卡说：“人是一根会思考的芦苇。”教育家苏霍姆林斯基说过：“如果你想让教师的劳动能够给教师带来乐趣，使天天上课不至于变成一种单调乏味的义务，那你就应当引导每一位教师走上从事研究这条幸福的道路上来。”事实确实如此，在观察校园管理的现象中，在和学生的接触引导中，在和教师的交往研讨中，中层干部要听从校级领导的指挥，要倾听一线师生的呼声。在这一上一下的“听闻”中，中层干部就要把握好“思考”这个要义，有发现问题、探究思考、求索措施、汇报征询的意识。中层干部要站在自己部门的“点”上，思考学校全局的“面”，要准确理解学校的办学理念、育人特色等内容，并思考运用到部门工作和所做的事务中。“做而不思会罔，干中有思则灵。”如何将分管的工作做出成效；如何在教师中间协调推进学校的新要求；如何采取适当恰切的措施提高学生成绩，这些都需要中层干部深度思考，并提出初步方案和有关建议。因此，中层干部作为学校管理中重要的管理者，需要成为思考者。

中层干部要善于把思考这个要义贯穿于“望闻问切”中，在遇到问题之后，要思考求索，要设想解决方案；要在向领导汇报时给领导做“选择题”，而不是“填空题”。笔者所在校一位教务主任在安排课后延时服务工作时，先参照外校做法，采取了排定老师进班级授课的做法。该做法实行了两周，他反复思考：这个做法是否属于“课后”的服务？能否服务于学生的兴趣需求和个性发展？能否服务于学校的课程实施和项目发展？在深度的思考后，他重新调整了课后延时服务阶段的做法：认真落实扎实有效的班级辅导，切实开展丰富多彩的兴趣活动，并尝试探索校内家政劳动教育的途径。该举措不仅深受学生欢迎，还成为市级综合实践活动课程特色项目，为学校赢得了荣誉。

由此可见，思考不仅能真正推进工作的落地见效，还能有效构建更好的自己，遇见学校管理的诗意和远方。因此，坚守思考这个要义，提升思考力，不仅是中层干部个人的需求，更是学校发展的动力。

中层干部是学校管理的中坚力量，是学校的中流砥柱。中层干部在管理上不仅要善于变革创新，而且要善于坚持稳固“坚守”这个基石，用自己的课堂教学为坚守擦亮底色，用实干行动体现坚守的重点，用思考研究凸显坚守的要义，从而提升自己的领导力水平，为学校管理的高质量发展赋能增效。

【作者简介】金坤荣，男，江苏省苏州市吴江区盛泽第一中学校长，高级教师。

（上接第 9 页）

寻求他人或社会的帮助，提高“资源利用”能力，完成课程主题的开发与实施。

3. 教师要向书本学习

教师要阅读各类书籍，包括综合实践活动课程、教育学、心理学等专业书籍，提高课程理解能力；教师也要关注其他学科的发展，不断地拓宽课程视野。

当下，基础教育课程改革已向纵深处推进。教育数字化背景要求综合实践教师具备更丰富的教学关键能力。综合实践教师应顺应时代需求，抓住机遇，主动学习，努力地提升教学关键能力，为培养学生的综合素养贡献力量。［本文系中国教育学会 2021 年度教育科研规划课题“‘贤文化’场域中青年教师教学关键能力提升的行动研究”（编号：202132002004B）成果之一］

【作者简介】刘奇生，男，江苏省苏州市吴江区思贤实验小学教师，一级教师。

参考文献

［1］ 中华人民共和国教育部 . 中小学综合实践活动课程指导纲要［M］. 北京：北京师范大学出版社，2017.

［2］ 张嘉 . 综合实践活动教师课程开发与实施能力指标体系建构及培养策略［J］. 江苏教育，2019（46）：30—33.

“双减”政策背景下推进集团化办学的策略研究

◎ 邹 杰 / 江苏省盐城市亭湖区景山小学

摘 要 实施集团化办学是推进优质教育资源均衡、促进教育公平的有效路径之一，是缓解社会焦虑与减轻家长负担，落实国家“双减”政策的重要措施。然而，当下集团化办学还面临着部分问题，如理念不同、模式有异、资源分配不均和考核评价标准不一等，使得无法实现深度融合。盐城市解放路教育集团对此展开了积极探索，试图通过理念融合、改革管理机制、推动资源互融、优化课堂教学以及实行创新的评价机制等方式，找寻有效的集团化办学之路，同时对集团化办学的未来做了展望。

关键词 “双减” 集团化办学 资源分配 教育评价

2021年7月，《关于进一步减轻义务教育阶段学生作业负担和校外培训负担的意见》明确指出：积极推动集团化办学、学区化治理以及城乡学校共同体的建设，以增加优质教育资源的供给。由此可见，国家把集团化办学作为助力“双减”，提升群众的获得感、幸福感，缓解家庭焦虑，满足人民群众对优质教育资源日益增长的需求，促进教育公平，落实国家“双减”政策的重要举措之一。经调查发现，目前集团化办学面临理念差异、权责不明、资源分配不均、考核评价标准不一等方面问题，这些问题对集团化办学的原始目标和深层次进展产生了影响。

一、集团化办学面临的问题

（一）理念不同，难以深度融合

教育集团的组建通常有两种形式：一种是由优质龙头学校分裂出来的新校，这种模式下的理念差异问题并不突出；另一种是由原本独立的学校合并而成，每个学校都有其自身独特的办学理念，在这种情况下，办学理念和文化认同等问题可能会显得尤为突出。集团化办学旨在实现所有成员校的资源共享和深度融合，但这必须建立在共同的理念和目标之上。然而，成员校间的办学理念和目标有所不同，这无疑会成为推进集团化办学的阻碍。龙头校通常会希望通过引导成员校按照其办学理念发展，但成员校的办学理念往往是成员校在长期办学过程中形成并深入师生心中的，对于龙头校的理念可能存在抵触或排斥。

因此，如何协调并统一集团内部的办学理念，是推进集团化办学深度发展的首要议题。解决这个问题需要我们深入理解并尊重各学校的历史和理念，因为在推广和引导集团化办学理念时，要兼顾和尊重成员校长期积淀下来的办学特色和学校传统文化。只有这样，我们才能在推动集团化办学的过程中确保办学理念的统一，真正做到深度融合。

（二）模式有异，不易统一管理

教育集团的管理模式一般可以分为紧密型、松散型和混合型三种。紧密型的集团在统一法人的领导下，对人员、财务、资源等进行集中式的管理和调配。相对地，松散型的集团化办学模式下，各个成员均具有独立法人身份，拥有自主的人事、财务以及资源管理权限。混合型的集团管理模式则结合了前两种模式，部分校区实行紧密型管理，部分校区则实行松散型管理。以盐城市解放路教育集团为例，该集团就采用了这种混合型的管理模式。在该集团内，盐城市解放路实验学校、盐城市亭湖区景山小学和亭湖区实验小学等校区实行紧密型管理，而盐城市王港小学、盐城市盐马路小学、盐城市天山路小学和亭湖区黄尖小学则遵循松散型管理。

由于不同的管理模式，集团内部的管理部门设计、职能以及校区间的管理融合程度也会存在差异，从而影响集团制定的政策在各个校区的执行力度。因此，不同的集团化办学形式，对理念一致性和策略执行力度的需求，都提出了不同的要求。总之，管理的深度融合是集团化办学面临的一大难题，只有通过深度融合，才能实现资源的最大化利用，推动集团化办学的深度发展。

（三）资源不均，不利教育均衡

从本质上看，集团化办学是一个重新配置资源的过程，主要涉及人力、财务和物资等资源，这一进程目的在于通过互助、共享和协作，以推动集团内部优质教育资源的均衡分配与发展。然而，不同的集团化办学模式导致资源分配方式的差异。在紧密型的集团中，人力、财务和物资等资源的调配由集团总部进行，操作起来较为便捷。而在松散型的集团中，这些资源的分配必须依赖政府或教育主管部门的相关政策才能顺利进行。一般来说，办公经费的拨付主要以学生人数为标准。对于一些老旧的校区，由于维修成本高昂，经常会出现经费紧张的情况，导致学校硬件条件难以得到大幅度的提升。相较而言，新建的校区则在这方面有着明显的优势。在教师资源分配方面，集团化办学也遇到了一些挑战。牵头校因其优越的条件容易吸引优秀教师，而对于条件相对薄弱的校区，教师往往不愿选择前往。这又违背了集团化办学的初心。

因此，我们发现在集团化办学的发展过程中面临着资源再平衡的挑战。解决集团化办学过程中的资源均衡分配问题，首先需要在制度设计和操作层面进行深入探索，改革目前的资源分配机制，使之更公平、公正。解决这些问题需要通过制度创新和操作优化，促进资源的均衡和优化配置，实现集团内部的优质教育资源均衡。

（四）质量有别，削弱教育公平

在地域、师资和生源等多种因素的影响下，各个校区的教学质量自然会出现显著的差别。这种差异引发了学生家长选择私立学校的择校行为，也加剧了家庭经济压力，这进一步破坏了公众对于教育公平性的信赖和满意度。以盐城市解放路实验学校教育集团为例，其采取了“名校＋新校＋弱校＋乡镇学校”的组织模式。然而，这一模式下的部分校区在硬件设施及教学设备等方面显然无法达到理想的标准。不仅如此，一些校区还缺乏专职的技能课教师，使得各校区间的教学质量存在一定的差距。

这一状况导致了名校生源过剩，进一步形成了大班额的问题。同时，由于教师配备往往基于生数比例进行，弱校由于生源稀少，其教师资源相对匮乏，特别是缺乏专业技能课教师，这无疑也加剧了教学质量的差异，削弱了教育公平，进而降低了公众的满意度。

（五）标准不一，难以公正考核

集团化办学面临的一个关键挑战是如何建立公平、有效的考核评价体系。这个问题的复杂性主要源自两个层面。首先，政府或教育主管部门对集团整体及其成员校的评价充满挑战。针对整个集团的评价，尤其是在集团中包含了较弱学校的情况下，大概率会出现总体评分被拉低的问题，从而引发公平性的争议。如果以每个成员校为单独的评价对象，由于各校的历史背景、教师流动性以及生源情况的差异，可能会造成评价结果的波动，导致长期的稳定性受到影响。其次，集团内部的考核评价也充满挑战。由于地域、师资和生源等因素的差异，制定一个被所有成员校接受的统一评价标准是一项巨大的任务。同时，如何将评价结果有效地应用到实践中也是需要深思的问题。在紧密型集团中，集团总部的评价结果可以直接反映在教师的绩效工资上，但在松散型集团中，由于各成员校拥有独立的财务和人事权限，集团总部的影响力受限，评价结果难以真正反映在教师的绩效工资上。处理不当的话，还可能引发内部的矛盾和冲突，影响集团的稳定和正常教学秩序。

因此，建立一个能够公平、有效地衡量集团和成员校绩效的考核评价体系，是集团化办学需要解决的重要任务之一。它需要我们在理念、制度设计和操作层面进行深入探索、改革和细化，找到能够适应集团化办学特性的新型评价机制。

二、“双减”背景下集团化办学的策略

（一）尊重文化差异，加强理念融合

由于背景、区域、师资、生源等差异，不同校区会有不同的管理理念。道不同，不相为谋。理念融合，是集团化办学高位发展的重要基础。同一教育集团应该有着相同或相近的办学理念，以此为牵引，将各成员校紧紧地团结在一起。但是每个成员校的特色和优势也需要被看重并发扬

光大。集团总部要做好协调，坚持民主平等，充分利用牵头校的强大影响力，努力发掘各成员校的办学特色和传统优势，求同存异。

例如，盐城市解放路教育集团的解放路实验小学在艺术和体育方面有非常优秀的传统，盐城市亭湖区景山小学在科学教学、科技活动、橄榄球等方面有特别突出的表现，这些成员校特色应被鼓励和弘扬，而非被忽视或淡化。在办学过程中逐渐形成以牵头校的办学理念为主体，同时吸纳各成员校办学理念精华，形成集团各成员校高度认同的集团办学理念文化，为集团各成员校高质量发展提供强有力的支撑，使教育集团步入良性的发展轨道。

（二）明确各方职责，优化管理机制

在“双减”政策背景下，集团化办学需要通过明确各方职责和优化管理机制，来满足新的教育环境需求。教育集团要理顺集团总部和各成员校的关系，明确各自职责，要以“管理不越位，服务不缺位”理念，架构管理体系，组建管理部门，通过建立健全相关制度，确保集团化办学的稳定和正常运行。盐城市解放路教育集团成立之初，首先制定了《解放路实验学校集团管理运行办法》，在组织领导、教学管理、德育工作、人力后勤等四个方面进一步明晰集团与成员校之间的权责关系。

集团总部应承担决策和策略规划的主导角色。盐城市解放路教育集团首先设立了以各成员校一把手校长为首的集团事务管理委员会，负责统筹规划集团办学方向、办学特色。集团事务管理委员会的下属办公室负责处理集团的日常行政事务。同时设立“教学管理部”负责集团课程规划、实施，落实教学管理督查、评估与反馈；“教研管理部”承担集团的教科研活动和教师培训；“艺体管理部”主要负责集团共青团、少先队活动；“后勤安全部”承担集团后勤保障、资产管理和安全督查等方面工作，形成扁平、稳定、合理的组织架构，保障集团后勤、安全、教学等各项工作的高效运行。

（三）强化资源互融，夯实保障机制

在“双减”政策背景下，集团化办学应该重视资源互融和保障机制的构建，以便更好地满足新时代人民群众对优质教育资源的需求。教育资源主要涵盖了教师配置和教育经费的投入。教育资源的分配不平衡是导致教育发展不均衡的关键因素，因此，优质资源的合理分配对于实现教育的均衡发展来说至关重要。以盐城市解放路教育集团的各成员校为例，老成员校教师年龄普遍偏大，因为长期未能补充年轻教师，导致职称晋升停滞，引起教师的职业倦怠，而新建校区中年轻教师比例过高，缺少成熟教师引领。

因此，教育集团创造条件解决教师切身利益相关的职称等问题，调动老教师的交流积极性，激发他们工作的内在动力，促进教师在集团内合理配置与有序流动。同时，根据各成员校教育教学实际和均衡发展需要，统筹配置师资力量，加强薄弱部门、薄弱学科、薄弱项目的精准交流，例如，通过多种方式如骨干游教、跨校带教、课程走教等，实现教师的柔性流动，这不仅能够激活各个成员校自身的能力提升，而且也能提高教育集团师资队伍的整体素质。这些方法的采用为优化教师资源分配提供了可能性，进一步提升了教育集团的教学质量。

（四）立足课堂教学，提升教学质量

教学质量是学校的生命线，是教育集团存在的价值点，也是老百姓评价一个教育集团办学是否成功的重要标志。课堂是提升学校教学质量的主要阵地，是师生成长的关键路径，帮助成员校查找影响质量的症结。教育集团成立初就要摸清各成员校学业水平情况，集团总部可以制定统一的教学标准和质量要求，为各成员校提供一致的指导，对均分、合格率、优秀率、离差四项指标进行大数据管理，并跟踪学业水平的变化情况，适时进行教学质量研讨。

教育集团应立足实际，发挥牵头校的质量优势，引领和促进各成员校，尤其是集团内薄弱学校的教学质量提升。对薄弱学科、班级、学生，采取课堂教学全程跟踪、督促。教育集团教研活动要重点关注薄弱学校，在薄弱环节上显功力，在困难处做引领，因势利导，提出科学合理的改进措施，积极创造学习的机会，如到省内外知名学校学习，邀请专家来各成员校讲学，对每位教师的教科研课、论文做出具体指标，最大限度帮助成员校提高质量，让课堂成为质量提升的重要增长点。

（五）制订考评细则，落实评价机制

教育集团办学思想能否得到落实推广，关键靠督促、检查和考核，只有完善考核机制、制定集团各成员校都认可的考核方案，强化检查考核，才能有效提高集团的工作效率。盐城市解放路教育集团依据盐城市区集团化办学督导评估方案，建立了长效考评机制，将集团的发展规划有机融合到集团工作中，依据教育集团办学目标方案，通过民主协商一致的模式，不断完善考核指标，统一考核方案，并落实细化考核一体化的评价机制，形成校区评、集团评、教育主管部门综合评的考核模式。

教育集团应该定期对学校、教师和学生进行全面的督导和评价，以便及时发现问题并做出整改。根据督导结果，对工作扎实、成绩显著的成员校和教师个人给予一定的奖励，比如，对干部任免、评优评先、绩效考核给予倾斜，调动成员校在集团建设中发挥积极作用，携手共同发展。对在督导、评比、考核中发现的问题，实行销号制度，要全程跟踪、督促指导，注重落实整改，最终实现集团成员校的自我调节，共同进步。有效地制订考评细则并落实评价机制，从而更好地保证教育质量。

三、集团化办学的效能与展望

“双减”政策以尊重基础教育阶段青少年学生的身心发展规律为基础，指向教育的根本任务——“立德树人”，探索出减轻学生负担的新路径，利用延时服务与假日课堂，满足学生和家长的需求，促进了优质教育均衡发展，形成了可借鉴的管理经验。延时服务与假日课堂也不可避免地增加了教师工作量，如何在保障教师合法权益与身心健康的同时，持续激发一线教师

工作积极性，这也对集团化办学提出了新的挑战。这也需要我们在今后对集团内教师交流轮岗与管理制度、校区资源统筹、系统设计推进做更深入的探究。

如果集团化办学想要变成一种让学生向往、教师感到幸福、家长满意以及社会安心的教育模式，那么我们可以从以下几个方面进行更深入的研究。在师资方面，我们需要加强对于薄弱校区管理团队的优质管理理念的输入，从而让他们能够从集团初创时的“依赖外援”转变为后期的“主动发力”，这样可以打通成员校自我发展的最后一步。针对集团特级教师、学科带头人等优秀教师资源的紧缺，我们可以设立集团名师工作室，并以此为依托，充分发挥集团内优秀教师的引领作用，建立集团内部的研修共同体，将“校本研修”转变为“集团研修”，激活各成员校的自我造血功能。集团在各个成员校强大之后，牵头校要适时做到由“扶”到“放”，让已经强大的成员校独当一面，甚至成为新的牵头校，这也是集团化办学的初心。在执行国家“双减”政策的过程中，我们必须始终不忘初心，牢记使命，集思广益，勇于探索，克服困难，并积极行动。只有这样，才能谱写新时代的教育华章。

【作者简介】邹杰，女，江苏省盐城市亭湖区景山小学校长，高级教师，盐城市名教师、学科带头人、五一劳动奖章获得者。

参考文献

[1] 张爽.深化教育集团化办学　构建学校发展共同体[J].教育家，2021（31）：19—20.

[2] 沙华中.集团化办学的问题透视[J].江苏教育，2021（Z2）：36—37.

[3] 蔡月珍，杨静.破解集团化办学难题的“育才模式”[J].江苏教育，2021（Z2）：38—39.

[4] 李伟平.集团化办学动力不足的成因及对策分析[J].江苏教育，2021（Z2）：43—44.

[5] 杨九俊.集团化办学“三部曲”[J].江苏教育，2021（Z2）：53—54.

[6] 陆云泉，陈德收，康文中.和合共生：学校集团化发展中的文化认同建构[J].中小学管理，2021（08）：17—20.

[7] 金丽君.教育集团学科教研共同体建设的行与思[J].中小学管理，2021（08）：21—23.

[8] 高鹏怀，刘继为，李雪飞.基础教育集团化办学的模式、问题与进路[J].教学与管理，2021（21）：39—42.

“离土”与“扎根”：乡村青年教师专业发展的困境与突破

◎ 袁婷婷 / 江苏省启东市和合小学

摘 要 青年教师承担着培育国家接班人的责任。提高乡村青年教师的专业发展水平对于提高乡村教育的教学质量、推动城乡教育的均衡发展、促进儿童的健康成长有着重要意义。目前，我国乡村青年教师的专业发展存在着职业认同感低、专业发展内驱力不强、培训内容缺乏针对性以及教学工作负担过重等困惑。通过调查和研究当前乡村教育发展的现状，从强调地方特色，重塑乡村青年教师的职业认同感；发挥主体作用，激发乡村青年教师发展内驱力；围绕乡村教育，开展切合实际的培训；落实减负政策，构建乡村青年教师专业发展共同体这四个维度，探讨如何提高乡村青年教师的专业发展水平，促进乡村教育的发展。

关键词 乡村教育　乡村青年教师　专业发展　困境与突破

2020年，教育部等六部门联合印发《新时代乡村教师队伍建设的意见》，提出创新举措，推动乡村教师的可持续发展。随着政策的出台以及定向生的就业，青年教师逐渐成为乡村教育的主力军。乡村青年教师学习能力强，基本功扎实，提高乡村青年教师的专业发展能力，不仅能助力学生的健康快乐成长、提高乡村教学质量，而且能稳定乡村的教师队伍。

一、提高乡村青年教师专业发展能力的意义

（一）提高教师职业认同感

习近平总书记在2016年提出，要“让广大教师在岗位上有幸福感、事业上有成就感、社会上有荣誉感”。要想让乡村教师提高职业认同感，除了政府要提高乡村教师的薪资待遇，提倡尊师重教的社会风气外，还要通过加强教师的专业发展，使教师拥有过硬的教学能力、丰厚的教学理论基础、良好的职业道德，从而逐渐收获职业自信，提高自己的职业认同感，充实自己的内心世界，提高自我的生活水平。

（二）助力乡村学生的健康成长

乡村教师是乡村学生学习的引路者，是乡村学生学习的榜样。教师的言行举止会对学生的一言一行起着潜移默化的作用，教师的素养和能力直接影响学生的学习态度。另外，乡村青年教师还承担着帮助学生认识外面世界、提供多样化教育资源的职责。

（三）缩小城乡教育的差距

造成城乡教育差距大的因素有很多，但是在诸多的因素中，教师的教学能力和专业素养是最直接的影响因素。通过提高乡村青年教师的专业技能，丰富乡村青年教师的专业知识，不断更新乡村青年教师的教学理念，使之能接受到前沿的专业技能的指导，不仅能够坚定乡村青年教师的专业信仰，而且还能提高乡村教育的质量，缩小城乡教育的差距。

（四）传承和振兴乡土文化

费孝通说过："从基层上看去，中国社会是乡土性的。"乡土性是中国社会的典型特征，乡土文化是中国文化的根和魂。2020年，教育部等六部门联合印发的《新时代乡村教师队伍建设的意见》中明确指出，要注重发挥乡村教师新乡贤引导作用。乡村教师除了要教书育人，还承担着继承和宣扬乡村文化的重要使命。将乡土文化融入教师的专业发展，不仅能增加乡村教师对本土文化的认同感，还能通过乡村校本课程的开发、乡村文化的传播，助力国家乡村振兴的战略计划。

二、乡村青年教师专业发展的困境

（一）乡村青年教师职业认同感低

一方面，定向生在入职前就知晓自己的工作单位必然是乡村学校，而当发现高中时期成绩不如自己的同学反而通过社招进入城区学校任教时，心里就会产生偏差。另一方面，通过对江苏省Q市Y镇的33名乡村青年教师进行调查问卷发现，所有的青年教师均在入职前进行了为期半年的实习，但是大部分教师在入职前接受到的职业训练皆是围绕城区教育展开的，对于乡村学校教育的需求一概不知。当青年教师进入乡村学校任职后，接受到的培训也是围绕城区教育展开的，这就导致青年教师的入职培训出现同质化等问题。一系列的外因和内因，使得乡村教师陷入"我是谁"的困惑中，有的成为工作在乡村的城市人，有的成为生活在城市的乡村人，有的成为在乡村生活的局外人，有的成为城市生活的边缘人，这就极大影响了乡村教师教育教学工作的积极性和主动性。

（二）专业发展内驱力不强

随着乡村学生数量的不断减少，乡村学校的数量急剧下降，一个乡镇只保留一两所乡村学校，这就造成乡村学校在教学质量上缺少竞争对手的状态。在这样的背景下，乡村教师的专业发展一般出现两种倾向：一部分乡村教师选择了消极的态度，让自己的专业发展处于停滞状态，选择按部就班，俗称"躺平"；另外一部分教师则会将乡村学校视为过渡期，他们努力提高自己专业水平能力的目的是进入城区学校，而并非提高自己的教学能力和提高乡村教学的质量。乡村青年教师消极的态度会使得乡村教学质量越来越低，使得乡村教育进入恶性循环，城乡教育差距越来越大；乡村青年教师功利的态度会使得优秀的乡村教师不断流入城区学校，而且这种流动是单向的，是会掏空乡村学校优秀的师资力量的，这也会使得乡村学校的校长因为担心青年教师会过于优秀而离开乡村学校，便不愿意安排他们参加各式各类的教学培训和教学竞赛活动。综上，不管是消极的态度还是功利的态度，都是不利于提高乡村教育的质量的，都是会加速乡村教育的颓势、扩大城乡教育的差距的。

（三）培训内容缺乏针对性

乡村青年教师专业发展的内容对教师专业发展的质量有着举足轻重的作用。以江苏省Q市为例，教师发展中心也会举办“普惠乡镇行”等下乡送教活动，旨在提高乡村教师的教学能力。一方面，绝大部分的培训内容皆为主办方自行决定的，缺少对乡村教育的调研，未关注乡村教师的需求，因此培训的内容适切性不够。另一方面，教师培训的内容也比较零碎，缺乏整体性和连续性。此外，培训的课程以理论学习为主，缺少对教师专业能力的培训。这一系列的问题使得教师所接受到的培训学非所用，对教师专业发展活动的效果产生了消极影响。

（四）乡村青年教师负担过重

由于乡村学校师资不足，跨学科教学、跨年级教学的现象甚是普遍。以Q市Y乡镇为例，根据课表，每个教师的周课时数为13节，主课教师还要负责早读课以及延时课程，由此可知，一名普通的乡村教师的实际周课时约为23节。由于乡村学校的学生往往会在7:30前到校，这就使大部分乡村教师平均每天的工作时间为9—10个小时。除了繁重的教学任务外，乡村教师还要应付各式各样的检查和调研、负责组织和排练节目、撰写报道、设计节日活动等，年轻教师往往还会被要求协助教龄较长的教师完成一些任务。繁重的日常工作使得乡村青年教师没有时间来研究教育教学。

三、乡村青年教师专业发展的突破路径

（一）强调地方特色，重塑乡村青年教师的职业认同感

一是要突出乡村教育的特点。入职前，师范院校应该增加乡土文化的知识讲座，涵养教师的乡土情怀；定期组织教师观看优秀乡村教师的讲座，让师范生对乡村教学形成感性的认知。入职后，教师培训应该具有针对性，应结合乡村教育的实际情况，邀请教学经验丰富的教师为乡村青年教师解惑，例如留守儿童的心理疏导，发育缓慢儿童的帮扶问题，具有乡土特色的校本课程的开发，等等。二是教育部门要真正重视乡村教育，立足于乡村的新发展阶段，提高乡村青年教师的职业认同感。

（二）发挥主体作用，激发乡村青年教师发展内驱力

分析乡村教师的需求是促进乡村教师专业发展的起点。学校和教师发展中心组织培训学习的对象是教师，因此学校和教师发展中心必须立足于乡村教育的真实情况，关注乡村青年教师在专业发展方面的需求。在开展培训前，组织者应该通过问卷调查等方式给予乡村青年教师更多表达自己需求的机会，再确定培训内容；在培训活动中，要增加一些切合实际的培训项目，例如如何书写粉笔字；在培训活动结束后，组织者要对乡村教师的后续教学进行有针对性的指导，推动青年教师对培训的反思和实践，确保青年教师能够学有所成。

（三）围绕乡村教育，开展切合实际的培训

乡村教师专业发展的内容主要包括教师专业知识和教师专业能力两个方面。这两个维度相互交织、相互促进，构成了乡村青年教师发展的内容。在专业知识方面，乡村青年教师应该不断学习新知识，不断提高教育教学能力，注重自身的思想道德修养；还应该积极参与各种专业培训和交流活动，了解最新的教育教学理念和方法，

拓宽自己的视野。在专业技能方面，一方面，教师要注重自己教学技能和教学方法的提升。教学技能包括教学设计、教学评价以及教学管理等方面的能力；教学方法则包括多元化的教学、个性化的教学等方面。另一方面，教师要基于乡村教育的特点以及乡村拥有的丰富课程资源，重组具有乡土特点的校本课程，将乡村独特的自然风光、土特产品同学生的学习和成长相衔接，最大化地提高学生的文化自信。此外，乡村教育与城市教育存在很大的差异，因此乡村青年教师要在教学实践中不断探索，尝试各种教学方法和教学手段，提高教育教学效果。

（四）落实减负政策，构建乡村青年教师专业发展共同体

2019 年，中共中央办公厅、国务院办公厅印发《关于减轻中小学教师负担进一步营造教育教学良好环境的若干意见》，明确指出要“为教师安心、静心、舒心从教创造更加良好环境”。首先，乡村学校要为青年教师的专业发展搭建平台支持，鼓励青年教师开展教研教学活动；其次，乡村学校可以尝试与本地的城区学校建立合作关系，邀请教学经验丰富的教师来乡村学校指导青年教师的教学和班级管理，降低青年教师实践成本；最后，乡村学校之间还可以成立联盟，通过开展教学改革、课题研究等活动，增强青年教师的教研意识和能力，使得青年教师成为乡村教育的实践者以及研究者。

【作者简介】袁婷婷，女，江苏省启东市和合小学教师，二级教师。

参考文献

［1］教育部等六部门 . 关于加强新时代乡村教师队伍建设的意见［EB/OL］.（2020-09-04）［2022-04-24］. http：//www.gov.cn/zhengce/zhengceku/2020-09/04/content5540386.htm.

［2］刘志学 . 乡村振兴背景下乡村教师专业发展的困境与突破［J］. 教师教育论坛，2023，36（02）.

［3］毛道生 . 习近平新时代教师观的内涵、意义及教师践履［J］. 教育与教学研究，2021，35（02）.

［4］费孝通 . 乡土中国：生育制度［M］. 北京：北京大学出版社，2020.

［5］教育部等六部门关于加强新时代乡村教师队伍建设的意见［J］. 中华人民共和国教育部公报，2020（09）：31—35.

［6］赵英，袁丽 . 新时代尊师重教的价值、意蕴与践行路径——对二十大报告精神的解读［J］. 教师教育研究，2023，35（01）.

［7］中共北京市委办公厅、北京市人民政府办公厅印发《关于减轻中小学教师负担进一步营造教育教学良好环境的若干措施》的通知［J］. 北京市人民政府公报，2021（04）.

初中青年班主任的德育工作现状及改进策略研究

◎ 杨 洁 / 江苏省无锡市南长实验中学

摘 要 本文通过对相关文献资料的搜索、整理、阅读、分析，结合问卷法和访谈法，对初中青年班主任德育工作中存在的问题及成因进行调查、分析与研究。针对初中青年班主任德育工作中存在的问题，本文进一步总结了初中青年班主任德育工作的改进策略。

关键词 青年班主任 德育工作 改进策略

近年来，教师队伍年轻化趋势十分明显，初中青年班主任逐渐成为实施初中德育的主力军。新时代社会的发展更需要坚持“立德树人”“德育为先”的理念，注重教师队伍的专业化发展和专业化培养，坚持全员、全方位、全过程地培养德才兼备的优秀人才，这就要求初中青年班主任对德育工作进行改进和优化。

为了进一步了解初中阶段青年班主任德育工作的现状，笔者随机选取了无锡市 11 所中小学共 362 名班主任进行问卷调查，并随机选取部分学生、家长进行访谈研究，后又进一步选取初中青年班主任和校级领导进行深入访谈研究。笔者对不同教学段的青年班主任样本及初中班主任的不同年龄样本在德育知识与技能、德育情感与理念、德育研究与学习这三个维度进行差异性分析，通过具体比对差异得出以下分析结果。

在德育知识与技能这一维度，初中青年班主任得分的平均值（1.303），明显低于小学青年班主任得分的平均值（1.662），亦明显低于高中青年班主任得分的平均值（1.870），表明初中青年班主任没有小学青年班主任、高中青年班主任表现好；而 35 周岁及以下初中班主任得分的平均值（1.303），明显低于 35 周岁以上初中班主任得分的平均值（2.224），表明 35 周岁及以下初中班主任没有 35 周岁以上初中班主任表现好。

德育情感与理念、德育研究与学习这两个维度的差异性分析结果也显示，初中青年班主任在这两个维度上也没有小学青年班主任、高中青年班主任表现好，且 35 周岁以下初中班主任没有 35 周岁以上初中班主任表现好。

笔者进一步将调查问卷结果、学生访谈研究结果、家长访谈研究结果、初中青年班主任深入访谈研究结果、校级领导深入访谈研究结果密切结合，进行研究，分析出初中青年班主任德育工作整体发展情况较好，但仍然存在以下问题。

一、初中青年班主任德育知识与技能不扎实

初中青年班主任能够清晰地意识到在“立德树人”背景下要树立“德育为先”的教育理念，学生的全面发展对于培养新时期社会主义接班人至关重要。但是，在日常德育工作过程中，初中青年班主任对于学生学习、生活、家庭及人际关系等各方面情况了解得不够透彻，对于学生德育问题产生原因的分析能力不够，且对于班级突发事件的处理能力欠缺。结合对初中青年班主任的深入访谈结果分析，笔者认为以下三个主要原因导致了相关问题。

（一）思想存在局限性

初中青年班主任思想上仍然存在局限性，没有完全树立需要实施“全员、全过程、全方位”德育的理念。在中考要求及日常教学成绩考核要求的压力下，青年班主任仍然把大部分精力放在提升学生的学习成绩、端正学生的学习态度上，不够重视学生的全面发展和全方位变化，自觉实施德育工作的主动性不够，也没有树立“敏锐的德育择机意识”。

（二）德育专业知识及经验积累不足

初中青年班主任平时不够注重阅读德育类专著，对于德育专业理论知识的学习和积累不足，缺乏判断德育问题产生原因的经验，对学生德育问题产生原因的判断不够敏锐，不能及时有效地应对突发事件。大部分青年班主任对于平时遇到的德育工作问题没有及时反思的习惯，无法融会贯通德育专业知识，难以有效运用德育工作智慧。

（三）提升平台较少

青年班主任与德育专家的学习交流机会不多，学校德育课题少，青年班主任之间的专业交流尚未形成系统化等因素导致学校青年班主任缺乏提升德育知识与技能的平台和渠道。

教育主管部门为青年教师设定的岗前培训更偏重教育教学专业素养的提升，德育工作培训的比例较少；学校组织的教师校本培训，聚焦班主任德育工作的培训也比较有限。

二、初中青年班主任德育情感与理念不深入

初中青年班主任明白德育情感与理念对德育工作有效实施的积极影响，也意识到心理健康教育对于学生长期发展的重要性。但是，在日常德育工作过程中，初中青年班主任在主动理解学生心理状况、情绪变化等方面做得不到位，无法做到对每位学生充满积极期望。结合对初中青年班主任的深入访谈分析，笔者认为以下四个主要原因导致了相关问题。

（一）学生身心发展具有时代性与特殊性

当代初中学生更以自我为中心，个性鲜明，渴望独立，却缺乏自主管理能力。

随着科技和网络越来越发达，学生利用网络倾诉心理、发泄情绪更为便利，人际交往沟通能力减弱。同时，由于初中学生处于身心发展特殊时期，心理状态和情绪波动存在隐藏性，青年班主任无法通过学生的表象了解到学生的心理状态和情绪波动。

（二）师生缺乏有效沟通

部分青年班主任由于年龄局限、自身家庭关系维护及专业发展压力，没有精力与时间对学生的心理状况、情绪变化产生强烈的“共情”；部分青年班主任比较有个性，个人成长过程比较顺利，故而在师生沟通过程中，无法真正站在部分学生的角度思考问题；还有部分青年班主任性格较为急躁，在对待特殊学生或特殊问题时，根据定式思维处理，不愿深入思考，亦不愿静下心来倾听，从而导致师生间无法有效沟通。

（三）家长不能发挥支持力量

当下初中学生家长自身独立性不够，较依赖老人，使得老人参与甚至包揽孩子家庭教育的情况增多。隔代教育导致学生的心理状态与情绪波动无法及时“被看见”。还有部分家长对于班主任反馈的学生心理健康状态及情绪波动不够重视，或过于维护、宠爱孩子，无法积极诚实地配合班主任工作，不能有效发挥家庭教育的支持力量，使得初中青年班主任无法客观真实地了解学生的心理状况及情绪波动。

（四）社会关注不够

我国学校心理教育从20世纪80年代中期才开始起步，积淀尚浅。社会对于心理健康教育的模式仍偏向于补救性心理健康教育，对于心理健康知识的宣传力度不够，导致社会大众对于心理健康的认识停留于“心理疾病”。社会大众对于心理健康问题的回避，导致社会心理健康教育氛围不浓厚，进而影响家长对于孩子心理状态及情绪变化的重视度。社会教育无法成为学校、家庭的有力纽带，影响青年班主任在心理健康教育中充分利用学校、家庭、社会“三合力”，进而影响青年班主任德育情感与理念的深化。

三、初中青年班主任德育研究与学习不主动

初中青年班主任认识到有效开展德育研究与学习对自己有着积极作用，却没有付诸行动来提升德育研究与学习的主动性。结合对初中青年班主任和校级领导的深入访谈分析，笔者认为以下两个主要原因导致了相关问题。

（一）教育教学压力大

部分青年班主任无法平衡教育教学任务与德育工作，中考压力、专业发展规划、职业晋升、专业能力提升、工作要求和工作时间等各方面让初中青年班主任疲于应付，没有精力和时间谋求德育活动创新和改进或有效进行德育科研。学校对青年班主任教育教学效果抱有过高的期待，也会导致青年班主任更加急切地想要证明自己，故而在教育教学方面投入大量的精力，从而忽略了自身德育研究与学习的提升。

（二）考核评价占比少

目前，学校对于班主任在德育研究与学习方面的考核评价占比少，而教育主管部门设置的教师职称评定要求中主要对青年教师

提出了教学科研要求，对德育科研的要求较低。班主任德育研究与学习情况在考核评价中占比少，班主任进行德育研究与学习的驱动性就相对较弱，直接导致了青年班主任德育研究与学习兴趣的积极性不高，德育研究与学习能力的主动性不强。

根据初中青年班主任德育工作中存在的问题及成因分析，笔者认为需要从教育主管部门、学校、社会及青年班主任自身这些方面提出初中青年班主任德育工作提升的整体性策略。

四、初中青年班主任德育工作改进策略

（一）完善制度支持，创设条件

教育主管部门应构建德育工作系统化培养制度，针对青年教师专业发展过程中需要经历的不同时期，为青年教师制订系统化培养制度，以便能够针对性地为青年教师提供德育工作提升途径。教育主管部门为青年教师设定的岗前培训，除了注重教育教学专业素养的提升，更应注重青年教师德育工作的培养。青年教师在职业能力评定测试、岗位晋升、职称评定及参评骨干时，教育主管部门应将青年教师的德育工作作为考核重点，建立相关考核机制，以此有效推动青年教师德育工作的提升。

学校应将青年班主任德育工作提升贯穿于学校管理工作的每一个细节之中，引导青年班主任主动规划德育工作提升方向，为青年教师创设向德育工作专家学习的机会，组织青年班主任参与学校德育课题研究，促进学校德育专业交流系统化，给予青年班主任展示平台。另外，学校应根据校园文化特色、办学特点以及德育工作团队优势，因地制宜地创设更有区分度、更能激发班主任集体荣誉感、个人工作热情以及挖掘德育工作潜力的个性化评价体系，加大德育工作成果在绩效考核、职称评定、岗位晋升中的占比。

（二）提升社会关注，增添助力

家庭教育与心理健康教育对于青年班主任实施德育工作、实现德育目标有着至关重要的作用。社会作为家校社协同育人的重要一环，应切实提升社会大众对家庭教育及心理健康教育的关注，为初中青年班主任改进德育工作增添助力。

社会应发挥社区力量，建立家长学校或成立家庭教育指导服务中心，邀请家庭教育专家为有需要的家庭提供家庭教育指导，提升家庭教育实效性。同时也可以将家长遇到的家庭教育中的现象和难题反馈给学校，帮助学校客观真实地了解家庭教育中存在的问题，促进家校沟通，构建学校、家庭、社会协同育人的新格局。

社会应加大心理健康教育宣传及心理危机干预的资金投入，在条件、资源允许的情况下，开放更多公益性的心理健康咨询机构，开通更多心理健康咨询热线、邮箱等。通过学校对这些公益资源的宣传，学生、家长能够随时寻求到专业的心理健康咨询途径，促进青年班主任对学生思想道德的教育及学生积极品格的养成教育，助力初中青年班主任德育工作改进。

（三）强化核心素养，提供保障

青年班主任在设立德育工作提升目标

（下转第 49 页）

打造区域教研共同体 赋能教师专业成长

◎ 王洪明　刘连冬 / 江苏省盐城市盐都区实验初中

摘　要　如何实现有效教研，促进教师专业成长是一个需要不断探索、不断研究的课题。本文阐述了校本教研的困境、面临的实际问题，提出通过打造区域教研共同体，优化教育资源配置。在一定区域范围内建设一支能起到引领示范作用的教师教研队伍，引领区域教师专业优质化发展。

关键词　共同体　区域教研　教师发展

近年来，随着区域经济迅猛发展，城镇化进程快速推进，农村人口大量流出，农村学校生源不断减少，办学规模不断缩小，出现了一定数量的小规模学校。农村学校的常态教科研开展困难，办学陷入一定困境。面对如此现状，如何帮助教师，特别是青年教师成长，这是教育人要思考的问题，也是办好人民满意教育，推动区域教育高质量发展必须回答的问题。

一、农村校本教研实践中的困境

教研组是教师专业成长的最基层组织，是教师进行教学研究的基本单位，是学校提高教学质量的主要载体。百年大计，教育为本。提高教育水平关键在教师，提高教师水平关键在教研。教师发展中心研训部到区域内农村各中小学进行调研，发现农村教师不愿或不会搞教科研的现象十分普遍，主要存在以下几方面的问题：

（一）教师自身认识不足

一些教师认为自己工作繁忙，课时太多，没有时间搞科研。能做好教学常规工作，能把课上好，把学生管好，就算尽到了职责，哪有时间搞教科研工作？一些教师视教研活动为“负担”，是完成学校布置的“任务”，缺乏主动性、持久性，不是“我要参与”，而是“被迫参加”。

（二）管理干部认识不足

一些学校管理干部对教学研究工作在提升教师业务能力、提高课程实施水平等方面的作用认识不足，认为只要升学成绩好，教师的教学水平就高，学校的教育教学质量就好。将学生的考试成绩直接与教师的评优晋级挂钩，客观上强化了教学“以考试为中心”，助长了教师之间的教研“壁垒”。

（三）教科研工作形式单一

部分教师认为搞教科研就是参与一两个课题。研究课题大而空，没有结合本教研组实际，常常“开题轰轰烈烈，中间冷冷清清，结尾马马虎虎”，开题报告中有十人参与研究，事实上只是一个人全盘代劳，最后勉强结题。

教研组的教研计划流于形式，满足于应对上级检查。计划的针对性、实用性不强，学情分析笼统简单、教学措施不具体、活动安排单一，缺乏专题研究。教研计划往往是组长一人制订，而不是经过全组教师讨论。

教研活动局限于听课评课。教研活动中鲜见教育理论、专业文章的学习与心得体会的交流。部分教师在评课时，对存在的问题只是轻描淡写，不痛不痒地说几句，成为“老好人”。集体备课主讲人不能有针对性地准备，形成文稿，拿不出自己的教学主张。其他教师只是即兴聊聊，不能形成集体智慧，更谈不上有效促进教学。

为此，教育主管部门和相关研究人员针对义务教育均衡发展的理论与实践展开一系列探索，努力打造区域教研共同体建设，实现城乡优质资源共享，促进城乡教师专业发展和城乡学生共同成长就显得尤为必要。

二、教育均衡需要构建区域教研共同体

区域教研共同体，指在一定区域范围内，由教师发展中心组织学段教师为成员的教研团队，团队成员有“共同愿景”，团队成员在合作学习、平等对话、共创智慧的教研活动中实现各自的专业发展，同时致力于将教研成果辐射到全县区范围，促进区域教师专业共同发展与提升。

（一）区域教研共同体建设，是教师专业发展的需要

当前教育改革要求教师自身要“更新专业发展的观念和意识，树立具有现代化的教育观、师生观、教学观”。长期以来，教师个体化教研活动的积弊在某种程度上阻碍了教师的高水平专业发展。动员全体教师主动投入教研共同体，通过区域教研共同体的建设，在专家引领、团队教研、环境支持、自我提升下，着力打造一批各学科教师专业发展的领军人物，构建一个区域性教研团队，形成相对稳定的教育合作群体，是推动教师获得进一步发展的有效途径，同时对于优秀教师突破专业发展瓶颈能起到有效的促进作用。

（二）区域教研共同体建设，是教研方式变革的需要

新课改背景下的教研方式，需要全新的教研形式和课程文化，需要教师发展中心研训部全体教研员引导教师与更多的人、在更广的空间、用更积极的方式从事教研和培训活动，需要在区与校、师与师之间营造并构建新型的互动、合作的人际关系，形成一种具有团队精神的教研文化。构建这种基于共同愿景的教研共同体，是新课改背景下教研方式变革的需要，是新课程背景下交互性、对话式的教研新模式的探索，有利于给教师提供自由、互动、博采众长的教研环境，促进不同层面教师共同研究、相互学习。

（三）区域教研共同体建设，是优化资源配置的需要

区域教研共同体团队成员之间的学习，让学科教学更有深度，同时也让学科教学

更有宽度，实现触类旁通，促进教师主动发展、主动成长。在充分尊重专业自由的基础上，团队成员携手共进，共同重视学科间的资源互补、教学互惠，从而达到融会贯通，实现整体发展。构建区域教研共同体，可以实现城乡教师共享优质资源，加强校际间的交流与学习，缩小校际之间的教师发展差距，提高区域内教师专业发展整体水平，促进区域教育持续、协调、和谐发展。通过区域教研共同体建设的实践，探寻一条通过以整体发展促进教师个体向更高层次发展的有效路径，形成区域共同体的教研策略和具体教研模式。

三、构建教研共同体，促进教师专业成长

教师专业发展的时空是一个相互影响、不可割裂的生态系统，区域教研共同体采用专家、研训员、教师合作研究的方式组建，以“立德树人”为主轴，以“师德为先、学生为本、能力为重、终身学习”的教师专业发展理念为基石，以区域内教师不同发展阶段的专业发展标准为纵坐标，使区域教研共同体成为引领教师专业成长的“学习型、辐射型、合作型、研究型”的专业组织。

（一）明晰共同体管理目标

每个教研共同体内的学校要科学制订发展规划，明确孵化期总体目标和分学年度、分学期的阶段性目标任务。教育主管部门审核领衔校牵头制订的发展规划和每学期的工作计划，并定期开展规划目标达成情况分析评估，坚持问题导向，及时纠偏补短，促进优质均衡共同发展。

（二）建立分类管理机制

各教研共同体原则上由领衔校共同实施教学、教科研的管理。领衔校原有编制结构、内设机构基本保持原有架构，增设教研共同体建设工作办公室。各成员校内部运行架构原则上和领衔校保持“一一对应”，形成扁平、精准、稳定、优质的组织架构，保证教研共同体高效运行。

（三）统一教学管理标准

由教研共同体排名在前的领衔校牵头，建立教育教学管理“六统一”机制，即：统一制订发展规划、统一建设学校课程、统一组织师资培训、统一实施教研活动、统一开展学业监测、统一评价学生素质，明确教研共同体和领衔校集体备课、课堂教学、作业设计和质量监测等方面的工作，每个月重点活动组织不少于1次，带动各成员校加快提升管理水平，保证小规模学校、农村学校的教研活动开展。

（四）落实教学指导责任

各教研共同体建立教学指导组织机构，健全完善管理制度、例会制度和督查制度，层层落实工作责任，教研共同体领衔校负指导责任，各成员校均负直接责任，把内涵建设、质量提升责任延伸到所有校区、班级和教育教学及日常管理一线。

（五）实施动态考评机制

教育主管部门根据相关要求对各教研共同体进行考评，按学年积分情况动态调整领衔校，并在次年的教学质量分析会上予以宣布。凡运行效果和群众满意度通过考核的教研共同体，在评选教研共同体办学先进集体、先进个人，以及学校干部考核任用、成员校独立办学及绩效奖励等方面予以倾斜。

从区域教师专业发展的现状来看，以县区教师发展中心为核心，基层教师共同

参与，针对区域教师教育教学的实际，构建教师教研共同体，是深化课程综合改革的需要，是转变教师教研方式的需要，是促进教师实现高端专业发展的需要，也是优化教育资源配置的需要。建设好区域教师教研共同体，可打造一支在区域范围内起长效引领示范作用的高端教师教研队伍，引领区域教师专业优质化发展。

总之，建设区域教研共同体，能够充分发挥优质学校领衔辐射作用，坚持以城带乡、以强带弱，塑创优质校，做优新建校，带强一般校，提升薄弱校，提高区域义务教育学校教育优质均衡水平，以义务教育优质均衡发展推进基本公共教育服务体系建设，切实提升人民群众对教育的获得感和满意度。

【作者简介】王洪明，男，江苏省盐城市盐都区实验初中党总支书记，正高级教师；刘连冬，男，江苏省盐城市盐都区实验初中教师，高级教师。

参考文献

[1] 丁玉祥.区域课程建设的机制与实践——区域校本特色课程建设的新路径［J］.现代教育科学，2014（03）：107—108.

[2] 周丹菊.指向教师专业发展的校本研修体系构建［J］.江苏教育，2023（49）：66—68.

（上接第 45 页）

时，应注重自我效能感的培养，强化核心素养，为既定目标的实现而付出努力，促进自身的德育工作专业发展。

初中青年班主任应提升德育知识与技能，巩固德育工作的基础素养，努力超越自身思想上的局限性，重视学生全方位的发展和变化；注重德育类专著的阅读，加强对德育专业理论知识的学习和积累；同周围有经验的成熟型班主任多交流，提升德育问题判断力及突发事件应对力。

初中青年班主任应深化德育情感与理念，培养德育工作的核心情感，努力平衡教育教学任务与德育工作，及时进行师生沟通，积极提升自身心理健康教育专业素养；与家长保持有效沟通，提升自身的“共情”能力；根据当今时代科技变化的特点以及当代初中生个性特点，因材施教。

初中青年班主任应激发德育研究与学习兴趣，提升德育研究与学习能力，积极参加德育培训，学习德育相关理论知识，提升创新和改进德育活动的能力；主动参与学校的德育课题研究，积极撰写德育论文、案例，定期参加德育交流研讨活动；充分利用碎片化的时间提升德育研究与学习能力，谋求德育活动创新和改进，有效进行德育科研。

【作者简介】杨洁，女，江苏省无锡市南长实验中学德育主任，一级教师。

“牧式研修”：让教师与校本研修深度遇见

◎ 孙 莉 / 江苏省苏州工业园区胜浦实验小学

摘 要 研制适合学校教师真实需求的校本研修体系是教师培养路径之一。本文通过调查问卷分析校本研修的现状，阐述了“牧式研修”的内涵，研制了“反思促进教师成长”校本研修课程，通过搭建自由的研修架构、呈现自如的研修形式、发掘自觉的研修热情等策略有序推进研修课程的实施，力求引导教师自觉学会理性反思，在总结经验、捕捉问题、反思实践的循环过程中稳步成长，从而不断提高教师的专业能力。

关键词 校本研修 “牧式研修” 教师发展

一、观照：学校“校本研修”的现状分析

校本研修最基本的是构建师生共同成长的机制，要由“控制性管理”到“指导性管理”发展。研制出更适合学校教师真实需求的校本研修体系是胜浦实验小学一直努力追求并尽力落实的教师培养路径之一。

为了更真切了解到学校教师的校本研修现状及需求，我们利用“问卷星”面向全体教师做了一次调查问卷。通过对调查数据的分析不难发现，在以往的校本研修中，学校教师对于研修内容与教学实践的联系、研修方式方法的合理性、研修的成效性等认可度并不是很乐观。可见，以往的校本研修并没有切实指导到教师的发展，可能存在一定的“形式主义”或简单地为了培训学时的“功利主义”，并没有根据教师的实际需求及工作现状去开展研修活动。

同时，学校教师对于以后的校本研修是充满期待的，他们充分意识到校本研修对自身专业成长的重要作用，并抱有“主人翁”心态，希望借助教育教学专家、一线骨干教师现场指导等方式弥补自己在教育教学实践中的短板。

二、意蕴：“牧式研修”的内涵解读

学校希望教师在校本研修中得以发展，但教师们个性突出，需求不一，如何开展适合教师需求的校本研修值得深思。正如牧羊一般，羊儿被带到哪块草地、吃什么草、如

何吃草、吃得怎样，均可以在“牧羊人”的管理下有效发生。可见，校本研修与牧羊有许多相似之处。把“牧式”理念融入校本研修，就是基于牧场上健康的生态环境提出的一种自由开放的理念、灵活有效的形式，旨在为学校教师创造一个适合自然的研修场域，让每一位教师优质发展。

（一）盘活生态资源，丰实研修架构

“牧式研修”是以学校的教育生态系统为起点，校园里的自然生态、学校师生与家长之间的关系、师生心灵安顿的精神状态等都可以作为校本研修的生态资源。“牧羊人”要善于盘活这些生态资源，拥有一双善于发现的眼睛去发现、修建“牧场”，并不断丰实生态资源，创设有序、融合的校本研修架构。

（二）尊重个体需求，丰富研修课程

“牧式研修”注重深入“人心”，充分尊重不同学科、不同教龄、不同岗位、不同个性的个体需求，确立更适切、更丰富的研修课程，力求帮助教师通过行为主体的亲自体验式的“在场”研修，收获更多的“草料”，能够真正达成“吃得更快、更好、更饱”。

（三）唤醒潜能价值，丰盈研修评价

“牧式研修”是立体的、开放的，注重教师的情感唤醒，力求引领教师将行为体验内化为内心体验，引导教师通过研修内化教育规范及教研自觉，旨在帮助教师在“吃饱”的基础上进一步自主探寻“草料”，发展更多元、更丰盈的素养，并在“牧场上”焕发出更完整的生命活力。

三、耕犁：“牧式研修”的有序推进

“牧式研修”是一条力求教师能与校本研修深度遇见的路径，旨在把教师引向更宽敞、更肥沃的“牧场”，引领教师习得肥美鲜嫩的“草料”、收获自立自强的“觅草”的能力及品质。

（一）系统思考：搭建自由的研修架构

在区教师发展中心师训处、学校年度发展规划的引领下，紧密结合问卷调查的实际情况，我们提出“反思促进教师成长”校本研修课程，力求引领教师自觉学会理性反思，从而不断提高自己的专业能力，在总结经验、捕捉问题、反思实践的循环过程中稳步成长。

学校教师发展中心搭建了自由的研修架构，细致制订研修计划，细化、落实到每一个学期、每一个月、每一周；并且将课程实施“无痕渗透”到学校的所有活动中，与学校多个部门紧密联合，加强教师对于“反思价值”的更新认识、对于“反思方法”的更好掌握。我们形成了更系统的研修思考（如图 1）。

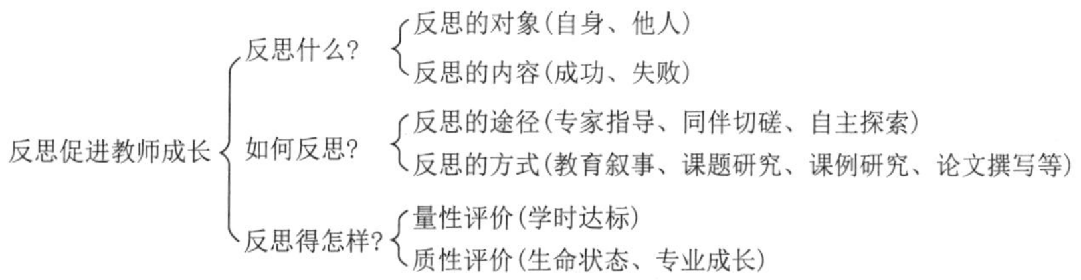

- 反思促进教师成长
  - 反思什么？
    - 反思的对象（自身、他人）
    - 反思的内容（成功、失败）
  - 如何反思？
    - 反思的途径（专家指导、同伴切磋、自主探索）
    - 反思的方式（教育叙事、课题研究、课例研究、论文撰写等）
  - 反思得怎样？
    - 量性评价（学时达标）
    - 质性评价（生命状态、专业成长）

图 1 “反思促进教师成长”校本研修课程架构

（二）异彩纷呈：呈现自如的研修形式

1.“源头活水”，专家引领

专家的专业引领能有效地提高教师理解和把握更新的理念和能力。于是我们邀请了专家多次给全体教师送上精神的“饕餮大餐”。比如学校邀请区教师发展中心科研处主任为全校教师做了题为“教学研一体，走向教师专业成长”的教科研专题讲座，该讲座启发教师思考自己处于哪一专业发展阶段，并结合生活中的常见事物“田鸡篓子”和“船锚”分享自己的心得体会，通过阐释如何互化经验与理论的相关问题，鼓励学校教师注重教学反思，开展行动研究，形成教学实践、理论学习、教学研究之间的有效循环，以期寻得属于自己的教师专业成长之路。

2.“线上线下”，融合互动

网络研修是一种以网络为基础开展教研工作的新方式。区教师发展中心每年都会开设暑期和秋季两期的网络研修，胜浦实验小学合计163位教师先后参加了以“反思”等为主题的网络研修课程，这样的选择开阔了教师的学习视野，拓宽了学习的领域，提升了教师与教师、教师与专业人员及时交流、平等探讨的活动平台和环境，促进了教师与课程设计者、研究者的多元对话。同时，区教师发展中心定期开展多主题的“基地校培训”现场研修，学校会综合考虑学科适合、发展专项、分配名额等多个因素，安排教师参加研修培训。

3.“以点带面”，典型示范

发挥典型示范引领作用，能成为学校教师发展的“软文化”。为了鼓励教师提升自己的专业自信，学校多次利用全体教师会议邀请、挑选专业成长快速的教师交流自己的发展历程及心得，他们的交流是学校教师发展的一张亮丽的“名片”，更是一种精神的传递。比如在学校的“智慧教学的实践与思考”专题活动中，青年教师代表谢老师从“一片细致用心的关注”“一段不停相遇的对话”“一场勇敢尝试的探险”三个方面呈现出她对高效课堂的思考。中年教师代表殷老师从对学生的关注、与学生的对话、生生互助合作等方面畅谈智慧教学，以问题为导向，分别从“不交回家作业”“基础知识差”“阅读能力差”“作文质量差”四大问题入手，对症下药地与全体教师分享了她智慧的教学经验，呈现了她对于语文教学孜孜以求的典型事迹。

（三）诗意前进：发掘自觉的研修热情

1. 自然生长，教研助推

学校教研组是学校开展教育教学工作的基本平台。学校坚持教研的常态化，目的是借助教研组这个平台，集体讨论，集体反思，以教研促教学，以教学促教研，推动教师教学能力、专业发展的自然生长。比如各学科组针对“作业的设计与应用”这一个主题，力求将“作业”这个老话题做扎实、做深入、做创新，尝试从学习的进程看作业的类型、从作业功能来研究作业、从学科特点研究作业、研究教师的作业行为等，鼓励教师结合班级学生的实际特点、学校所处的地域环境、最新的时事话题等入手去自主研发题目、引领学生去尝试探索。同时，各教研组、备课组多次开展“交流评议”的研课活动，学校定期组织“互听、互评、互动”的反思活动，通过评议交流，共同探讨，使执教教师认清自我，受到启发和教益，又使听课教师学会反思，引以为戒，对提高全体教师的教学反思能力和教学水平大有帮助。

2. 自发组织，抱团行走

分组研讨能够增加教师相互商讨、相互切磋的机会，更是丰富了教师展示自己的舞台。学校开设了多组织、多主题的交流、互动、沙龙等形式的分组研讨活动。比如，以青年教师居多的“闻涛书苑”坚持开展以“阅读，引领专业成长”“正面管教我有招”“美文共读　美美与共”等主题的主题式交流活动，以轻松、灵活的形式，给青年教师营造了更好的交流氛围，也展示出青年教师对自身教育教学实践的反思及困惑，他们在每一次活动中都能自由发言、自信展示、自如吸收、自主反思、自觉成长。

3. 自主阅读，积蓄内力

作为教师，阅读对于其自身的专业发展更是意义深远。扎扎实实展开专业阅读，能帮助教师练就一手过硬的教学基本功。学校鼓励教师自主阅读，《给教师的建议》《静悄悄的革命》《正面管教》《教育智慧从哪里来》《教育的勇气》等都是近年来学校给教师的赠书。并且学校为教科研骨干免费征订教育教学杂志，让教师在业余时间自主阅读，还多次开展以“正面管教”“教育智慧”等为主题的沙龙活动，同时注重引领教师撰写阅读的所思所得，助力教师不断积蓄内力，丰盈教育教学的生命质量。

（四）悄然绽放：收获自能的研修品质

学校秉着“管理是基础，管理出质量，管理树形象”的原则，对于校本研修实施常态化管理，注重课程实施的过程性资料的收集与整理，特别是对教师典型事迹、精彩发言等素材的梳理，已经成为学校教师借助反思促进专业成长的“一座金矿”。同时，学校注重全体教师对于课程落实的考核评价，并根据学校相关条例给出相应的奖励。课改、课题、课堂的多措并举、融合并进，学科荣誉实至名归，生命活力朝气蓬勃，均迸发着教师的智慧之光。

“优秀教师＝教学过程＋反思”。让反思成为教师专业成长的催化剂，勤于反思、精于反思，坚持做到有广度、有高度、有深度的反思，全面落实“教”与“研”的有机结合，努力做到夯实“教”的基础、根底，达成“研”的丰富、提升，从而全面促进专业发展，始终以一颗工匠之心追求更有价值的教育生活、抵达更悠远的“牧羊”终点。

【作者简介】孙莉，女，江苏省苏州工业园区胜浦实验小学科研师训处副主任，一级教师，苏州工业园区小学数学学科带头人，苏州市“学科双优之星”。

参考文献

［1］张丰．旨在理解并落实教学常规的校本研修［J］．教育实践与研究，2017（05）．

［2］孙永明．牧式管理：学校管理新探索［J］．上海教育科研，2018（01）．

［3］谈佩华．让学生在牧式教育中深度成长［J］．江苏教师，2017（18）．

［4］孙宁．专业视野下理想的教育生活［J］．山东教育，2008（32）．

情智育人：素养课堂的校本实践

◎ 徐　艳　曹　苗　高修军 / 江苏省邳州市南京路小学

摘　要　为落实立德树人根本任务，江苏省邳州市南京路小学立足核心素养，创建了“三段转化式”教学模式，实施了“情智育人”项目。在审视“痛点”、探寻“基点”的基础上，践行“重点”，运用“专业引领，培育教师”“扎根实践，构建课堂”“拓展延伸，锻造学生”等策略，实施全方位立体式的校本实践。

关键词　三段转化　情智育人　素养课堂

为落实立德树人根本任务，教育部提出了各学段学生发展的核心素养体系，明确了学生应具备的适应终身发展和社会发展需要的必备品格和关键能力，依据学生发展核心素养体系，进一步明确了各学段、各学科具体的育人目标和任务。2021 年，省教育厅举办育人方式改革专题研讨会，会议指出，要重视课堂教学改革，强调了课堂教学改革在提升教育质量中的关键作用。这要求我们加强理论和实践的深度融合，共同探索构建新时代发展素质教育的创新模式和实践样本。邳州市南京路小学在全面调查分析课堂问题的基础上，以情智育人为突破口，积极探索素养课堂的实践路径，积累了丰富的校本实践经验。

一、审视痛点：课堂教学的问题剖析

学生学习的最终目的不是掌握已有的知识，而是能够在将来更好地进入社会实践，并创造美好的未来生活。因此，学习不是把知识平移传输给学生，而是由教师带领学生进入知识发现和发展的情境及过程，引导并帮助学生成为知识的发现者而非旁观者，并在这个过程中发展思维与能力，形成核心素养。通过课堂观察及访谈，我们发现了如下问题：

（一）教学活动浅表低效，难以促进学生深度学习

大部分教师游离于学科的本质和知识的内核之外，对教材和教学内容的理解缺乏应有的深度，问题驱动意识不强，缺少对核心问题的思考及关键问题的设计，脱离知识的本质，教学活动浮于表层，教学内容零碎，难以促进学生结构化、系统性地掌握知识。这样的教学，学生的思维浅层化，缺乏独立思考能力，被动接受“是什么”的知识，而非“为什么”的知识，缺少主动进入知识发现发展的过程，没有

对学习内容进行深度加工，学习不能真正发生。

（二）教学内容侧重“两基”，难以发展学生核心素养

学科教学是落实立德树人根本任务的主要途径。每个学科不仅具有自己的知识体系、符号表达和思维方式，而且有各自的价值性和道德意义。通过对不同学科课堂教学的观察，发现教师侧重对知识和技能的教学，忽视对过程和方法的指导，以及对情感、态度、价值观的培育；教师不能充分挖掘学科知识特有的道德教育资源，教学不能进入学生的生活和行为，并延伸到课外成为学生的成长自觉，无法进入学生的道德和心灵世界，实现有效的价值引领。由此看来，教师的课堂教学只关注到了知识的智育功能，忽视了知识的德育价值，缺乏以人为本的教育观，不能把对人性、人情和生命的关注、关爱、关切贯穿和体现在知识教育的全过程。这样的课堂教学把关键能力和必备品格的培育边缘化，难以发展学生的核心素养。

（三）教学评价观念陈旧，难以发挥教育教学功效

“每位学生都是学习者”是课堂教学评价的出发点。通过课堂教学观察和教师访谈，发现教学评价的主体大都拘囿于教师，学生回答完一个问题或做完一道练习，教师习惯性地对学生的完成情况给出“很棒”“很好”或“不对”等单向的缺少指导意义的评价，不能引导学生之间的互评及自评，忽视让学生参与评价；评价的方式大都局限于对学生口头点评或题目测试，教学评价也不再是一种和教学相互交织、持续不断的过程，往往将评价看作学习活动的结束。可见，我们的教师仍是秉持以知识为本位的教学评价观，评价视角不够多维，忽视学习主体在评价中的能动作用，教学评价不具有教育功能，而仅仅是一种“管”的力量。所以，教师亟须重建育人观念，确立以人的发展为核心的理念，回归对人的终极关怀，丰富评价的方法和工具，促进评价视角的多元化，赋予评价应有的育人意义。

二、探寻基点：课堂变革的立论依据

课堂教学是学校教育中最基本的活动，是全面育人的主要途径。就课堂教学而言，教师要重在提高效率、效果，努力实现课堂教学的最优化。针对课堂中存在的问题，我们要通过改革课堂教学模式，充分发挥师生双方的积极性、主动性、创造性，逐步让学生从繁重的课业负担中解脱出来，拥有可供自由支配的时间。为此，邳州市南京路小学以立德树人为导向，立足学生核心素养发展，结合结构化学习、项目化学习等教学理念，从生命关怀、情感态度、智育发展等方面对课程及课堂教学进行改革，创建了“三段转化式”教学模式，实施了“情智育人”项目，全面贯彻落实国家育人目标。

（一）“三段转化式”教学的基本要义

“三段”为“情境学、合作练、对比讲”。“情境学”即创设以问题为导向的学习情境。通过创设基于学习任务、基于学生需要、基于实践逻辑的情境，促进教学

活动不偏离学习任务，调动学生积极的学习情绪，解决学习中可能会遇到的问题，激发学生学习动机，让每个学生身心参与，提高课堂教学效果。“合作练”是指以小组为单位通过项目化学习的方式进行合作学习，培养学生基于真实的问题情境进行学习的能力，发展基于生活实践的素养，让学生在社会性学习中习得与人交流、合作的技能。“对比讲”即学生将自己的想法与同伴的想法、教师的想法进行比较，并讲出自己的思考过程及从别人想法中受到的启发，这是学习成果的表达方式。讲是练的延续和深化，突出了学习的思辨性、进阶性、表现性，把学习所历、所得、所思通过师生对比、生生对比的方式讲出来、表现出来，让学习真实、高效地发生。

“转化”是“三段”的逻辑内核，包括三层意蕴：一是实现知识向素养的转化；二是实现讲授向管理的转化；三是实现学习向生命成长的转化。知识是素养的根本依托，素养是增值了的知识，知识向素养的转化是素养课堂的应有之义。“讲授”是以知识为本位的，而“管理”是依托方法、策略对“学”进行过程性管理，学习的发生不是机械化动作的结果，每个学习者各有不同的经验背景和认知倾向，要管理知识，更要管理学生和情境。教育的本义在于立德树人，学习就是为了获得生命的丰盈、美好和张力，这是学习的基本伦理，也是转化式教学的根本追求。

以“三段转化式”教学为实践逻辑的“情智育人”，是在立德树人、综合育人、育人方式创新理念指导下，立足核心素养，为适应义务教育课程标准实施，借助先进的教学原理而开展的，指向小学生情与智共同发展的一项探索性校本实践。通过课程的实施与教学的改革，发挥学科、文化的育人价值，培根铸魂，启智增慧，把学生培养成为有理想、有道德、有本领、有担当的人，发展学生素养，提升学生品格，助力学生健康快乐地成长。

（二）“三段转化式”教学的操作机制

课堂教学变革的首要任务是课堂观的重建。“三段转化式”教学是南京路小学实施课堂教学改革的基本模式，对其操作机制进行可行性分析，不仅会让我们的课堂教学改革实践行走得更加稳健有底气，也有利于教师把握该教学模式的实施办法，更好地理解这种教学模式的价值意蕴，重建课堂教学观念，提升课堂实践的实效性。

一是基于核心素养理论体系。从“双基”走向“三维目标”再到“核心素养”，是课堂教学改革不断超越的过程。核心素养之于三维目标，更能体现以人为本的教育思想，核心素养是素养系统中具有根本性和统领性的成分，是人之为人的根本，是人进一步成长的内核，抓住了核心素养也就抓住了教育的根本。从表现形态来讲，核心素养高于三维目标，是个体在知识经济、信息化时代，面对复杂而不确定的情境，综合应用各学科知识、观念与方法解决现实问题时所表现出来的必备品格与关键能力，是教育在高度、深度和广度上的提升，是育人观的真正回归。

二是基于转化式学习理论。转化式学习是指在特定的学习环境中，学习者的价值取向、认知模式和思维方式发生质的变化，从而对自己的意义预设或思维习惯产生质疑或重构，以适应复杂性、不确定性的社会生态的学习。转化式学习突出“学习情境”“问题导向”“思维方式变化”。

三是基于5E教学理论。5E教学是基于建构主义提出的探究式教学方法，由参与（engage）、探究（explore）、解释（explain）、精致（elaborate）和评价（evaluate）五个环节组成。参与，即通过情境激发学习兴趣，建立新旧知识之间的联系，引发认知冲突，引出教学任务；探究，即通过动手操作或动脑思考对学习内容进行探究，建立概念联系，促进概念生成；解释，是新概念的生成环节，通过展示交流对探究结果进行解释、补充；精致，是对新概念的迁移应用，运用新概念解决相关联的新问题，把新概念不断精致化；评价，贯穿于整个教学过程，通过多元评价了解学生学习的积极性、态度、参与度等方面，保证教学的效果。

针对学校课堂教学中存在的一系列问题，提炼“转化式”教学理论、5E教学理论与核心素养融合的教学原则、教学策略，创造性地用理论指导实践，形成应用于各学科、适合师生发展的以问题情境为依托、以项目式学习为组织形式、以情智共育为目标的“三段转化式”教学模式，为课堂教学变革提供了一种理想范式。

（三）“三段转化式”教学的理论创新

1. 变“知识本位”为“素养本位”

传统单纯地向学生灌输和传授知识为本的教学观，割裂知识与实践的联系，忽视知识形成的过程，与小学生的认知发展规律和水平不相匹配，束缚了小学课堂教学的实效。“三段转化式”教学模式立足核心素养，以培育学生生存和发展的关键能力和必备品格为目标，引导学生围绕问题解决进行深度学习、自主探索，建构素养本位的科学教学观。

2. 变“个体性学习”为“社会性学习”

学生只有学习社会需要的知识技能，内化社会价值规范，才能适应社会的发展需求。从这个意义上说，教学要从学生的发展实际出发，通过群体生活中的学习、交往和实践促进学生的社会性发展。“三段转化式”教学模式中的“合作练”即是依托项目式学习，将社会需要的知识技能和教材融合，通过真实情境的合作学习，习得知识、技能、价值观，让学生在实践和交往中发展社会性，在自我完善中全面提升综合素养。

3. 变“育智”为“育人”

知识是教育活动得以开展的一个载体，知识的价值不仅体现在育智上，更彰显在育德上。在“立德树人”根本任务的导向下，“三段转化式”教学立足核心素养，将实践的视角聚焦在学生的“情”“智”两个方面发展，挖掘知识的育人价值和精神意义，塑造完整的人。

三、践行重点：课堂创建的实施策略

策略是从观念走向行动、从理论走向实践的操作系统，只有将观念和理论转化为实施策略和行动方案，情智育人课堂才能真正落地。学校以“三段转化式”教学模式作为抓手，全方位立体式展开素养课堂的校本实践。

（一）专业引领，培育教师

教师的理论水平与专业素养在很大程度上决定着课堂教学的效果。只有培育熟练内化先进的教育教学理论，深度理解“三段转化式”教学模式的操作机理，博学多识、富有情怀的教师，才能更好地实践素养课堂并引领学生。

1. 课题引领促研究

学校组织教师围绕“十四五”省级课题“图画叙事语文教学中转化式学习实施策略研究”，申报了“三段转化式教学中即时性教学指令实践研究”“小语转化式教学中主问题项目化设计的实践研究”“三段转化式教学中教学主问题设计的实践研究”等一系列子课题，同时组织教师围绕本专题开展校级微课题研究，通过这样层层递进的课题研究，将问题细化、研究深化，在实践与研究中提高教师的理论素养和专业素质。

2. 活动引领促成长

为建设一支高素质、专业化的教师队伍，学校组织了系列校本教研活动。通过师徒结对以及新教师达标课、老教师示范课、集体备课等活动，促进教师在研讨交流、互学互鉴中更新教学理念，创新教学思维，拓宽教学视野，提高专业素养。在学讲新课标活动中，通过专家引学、名师导学、教师自学等多元路径提高了新课标学习的实效性，并搭建舞台，利用每周的周前会时间，结合主题让教师讲课标，并和听课教师点评互动，促进交流共享，深化对新课标的认识与理解。通过这样一系列深度卷入式的研修活动，促进教师不断成长。

（二）扎根实践，构建课堂

教育实践的主阵地是课堂，为启迪学生的情智，学校扎根课堂教学，依托学科育人推进校本实践，探寻“三段转化式”教学模式与各学科教学的融合策略，开发实践成果，研制课堂评价机制，构建有思维活力、有生命张力的素养课堂。

1. 探索实施策略，促进情智共育

学校以“一主六维”深度卷入式的教研方式分层推进“三段转化式”教学的实践研究。“一主”即是语文学科，先是在语文学科中通过读教材、研课例进行引领示范，初步探索“三段转化式”教学模式的操作要领以及实施策略，然后将这些操作要领和实施策略推行至其他六门学科（即“六维”），结合各学科的特点，探索适合各自的操作范式，进一步完善上一阶段的实践成果。在这样的研究过程中，形成了我校一系列的研究成果。

（1）开发了教学指令。教学指令是师生应答系统情意系统，由二到四个字组成，一呼一应，简短有力，富有节奏感，能够有效调动学生的注意力即学习情绪，创造一个生动的积极的学习场。

（2）形成了基本策略。一是教学问题的设计策略。“学、练、讲”围绕一个问题构成一个相对独立的教学板块，一节课由若干个这样的教学板块组成。问题指的就是练习题，对练习题进行任务化处理，让学生在情境中自主学习，然后在规定时间内解答，最后展示、交流、总结、对比自己的发现。二是“学习行为”的组织策略。学生的学习行为主要表现在读、写和讲上，其基本形式分别为集体读、合作练、对比讲。

（3）打通了学科壁垒。英语学科基本遵循语文学科的教学范式，数学和科学学科根据其学科特点在“三段”的基础上进一步细化扩充为五个环节，即参与、探索、解释、精致、评价。艺体学科初探了思政与艺体课程融合的“三段转化式”教学模式。将艺体课程与思政课程相融合，让学生在学到艺体专业知识的同时，全面提升思政能力。

2. 建立评价机制，激励全面发展

课堂评价是在操作层面上对学生学习质量的监测，对教学改革的指导思想、课程理念、教学效果等方面的检验。随着学校课堂教学改革的不断推进，评价的研究必须先行，我们以核心素养为导向，尝试研制了素养课堂的评价体系，包括两个层面：一是核心素养的综合评价指标体系。结合学校开展课堂教学改革的目标，我们从学生个体需要和社会需求角度出发，构建了具有一定操作性的基于核心素养框架的综合评价指标体系。二是核心素养的学科评价指标体系。学生综合素养的形成还需以具体的学科为载体。为此，我们从关键能力及品格、价值观出发，构建了基于学科核心素养的评价指标体系。评价指标的建立，对我们在课堂教学实践中实施教学改革具有重要的指导价值，当然，这也只是一个有益的尝试，还需我们在实践中进一步完善。

（三）拓展延伸，锻造学生

核心素养的扎根，仅依靠课堂是不够的，还需延伸到校园、延伸到家庭及社会。为了全方位立体化塑造学生，学校立项了“三五三”文化育人项目，开发了文化育人基地，创建了拓展性校本课程，开设了阳光家长课堂，组织了系列的社会实践活动。

1. 文化润德，向校园延伸

学校一直致力于校园文化的建设，在文化育人行动中，学校遵循德育为先、“五育”并举的国家教育方针，积极拓展校本育人实践活动，以传统文化育人为中心抓手，围绕“行正知新”办学理念，立项了“三五三”文化育人行动项目，以中华优秀传统文化为抓手，以三大育人基地的打造、五大育人课程的实施为重点，通过环境育人、课程育人、活动育人三大途径，培养具有热爱祖国、勤于学习、乐于创造等关键品格的新时代儿童。除校园文化建设外，学校还创建了结构化的拓展性校本课程；文化诵读、综合实践、校园体育、珠心算、美术手工等五大文化育人课程，以及在一、二、三年级开设的一班一品课程，在四、五、六年级开设的识字文化、思维提升、口语交际等八大选修课程，不仅促进了学生多元发展和持续学习，提升学生的学习力和个性化发展，还赋予学生成长的精神食粮，实现情智共生。

2. 活动弘德，向校外延伸

为了帮助家长掌握科学有效的家教方法，提高家庭教育的质量和水平，更好地服务于学校全面推进素养课堂，学校每周开展阳光家长课堂活动，成立由骨干教师、优秀家长、社会志愿者组成的讲师团，通过面对面地分享家庭教育经验，增强家校合力。除此之外，学校教育还延伸到了校外，带领学生们走进小萝卜头纪念馆、王杰烈士陵园、碾庄战役烈士陵园等红色教育基地；走进沙沟湖、银杏湖、时光隧道、红枫公园等地方景点，走进银杏馆、博物馆、规划馆、图书馆等公益场所，感受家乡的美丽风光、人文历史和城市精神；走进社区、走上街道开展社会实践活动。在多元的活动中，创新德育载体，促进学生向善向美。

总之，学校以素养课堂为支点，探索情智育人教学模式，构建了教育生态，推动了学校的内涵发展，让教育闪烁着人性的光辉，让学校充满着和谐的氛围。未来，学校将继续完善教学改革体系，用高质量的课堂为学生赋能，用高质量的教育促进区域教育发展。

【作者简介】徐艳，女，邳州市南京路小学教务主任，一级教师；曹苗，女，邳州市南京路小学副校长，一级教师；高修军，男，邳州市南京路小学党支部书记、校长，“苏教名家”培养工程培养对象，“333 高层次人才培养工程”培养对象，特级教师，正高级教师。

参考文献

[1] 余文森. 核心素养导向的课堂教学 [M]. 上海教育出版社，2017.

[2] 高修军.“三段转化式”语文教学的内涵及实施要点 [J]. 教学月刊（小学版），2022（C4）.

[3] 喻平. 发展学生数学核心素养的教学与评价研究 [M]. 华东师范大学出版社，2021.

“学习能量”理念下小学科学教育增强学生心理弹性的策略

◎ 潘　璐/江苏省南京市汉江路小学

摘　要　学习能量是英国教育界近年来兴起的一套关于“学会学习”的新的学习理念，包括心理弹性、改变与学习、学习关系、意义建构、创造力、战略意识、探究意识等七个维度的学习。其中，心理弹性可以用来衡量学习者应对压力的能力。心理弹性的长期缺乏可能会导致学生对科学探究产生恐惧或者丧失兴趣，学生学习的主动性与创造性泯灭，不利于学习能量的激发。本文以《建桥梁》一课的教学设计为例，总结了在小学科学教学中增强心理弹性的教学策略。

关键词　学习能量　小学科学　心理弹性　策略

学习能量（learning energy）是一个复合体，联合起来塑造个人参与学习机会的价值观念、倾向和态度。从实践的角度来看，学习能量可以让学习者在特定的情境中形成学习策略，反思学习中的问题，从而实现在学习上的转变。作为“学习能量”的七大维度之一，心理弹性又称“心理韧性”“心理复原力”，是“个体能从困境中快速恢复，且能灵活适应变化的一种人格特质”。

科学学习是一个需要耐心、毅力的学习过程，学生在探究过程中常常会遇到一些困难，例如实验不成功或者测量数据与理论不相符，可能会出现缺乏信心、害怕失败或是半途而废等因心理素质不过关造成的不良后果。这些学生往往缺乏自我调整能力。心理弹性的长期缺乏可能会导致学生对科学探究产生恐惧或者丧失兴趣，学生学习的主动性与创造性泯灭，不利于学习能量的激发。

当学生有了较强的心理弹性时，不会轻易在科学探究过程中放弃，会明白可以通过坚持、从他人处获得帮助、依靠自身的创造力以及对探究目标的执着来克服。本文在分析心理弹性的影响因素的前提下，以苏教版五年级科技活动《建桥梁》一课为例，总结了一些增强学生心理弹性的教学策略。

一、影响心理弹性的因素分析

在心理弹性的形成及发展过程中，起

关键中介作用的是内部和外部的保护性因素，如图1所示。

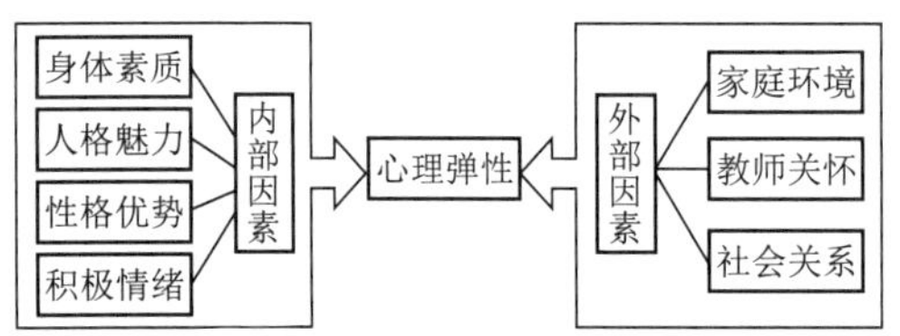

图1　心理弹性的保护性因素构成

学习者身体素质强大，具有人格魅力、性格上的优势、积极的情绪，遇到困难的时候也能够相信自己的能力，对困难能够做出快速反应，积极参与而不是消极逃避，抱着乐观的心态积极面对，并能够兼顾其他人的需要，勇于承担风险，最终解决问题的同时获得更多的心理弹性。

对学生的发展而言，教师的关怀可以补偿家庭功能的缺失，使学生的某些期望能够得到满足。与师生关系一样，与同学间良好的社会关系，能够帮助学生获得对学校的积极经验和积极情绪体验，使学生产生更多的归属感，这些都可以成为增强心理弹性的切入点。

二、小学科学教育增强学生心理弹性的策略

从科学教师的角度出发，不仅要重视提高学生的抗挫折能力，而且要重视学生对于挫折的认知，承认学生对于挫折的消极情感体验，接纳学生在挫折出现初期的不恰当应对方式。因此，科学课上需要教师转换视角，挖掘学生的主动性和内驱力，帮助学生发现自身优势和周边资源，最终实现成功应对科学探究中的各种困难。

（一）活动挑战，适应难度

课堂中具有挑战性的活动会让学生在学习任务中“遭遇”学习困难，它能引起学生深入思考，想方设法去解决它。在无形中故意设计的小“挫折”，是对学生心理弹性的一个考验。

例如在《建桥梁》一课中，教师在课前先下发任务卡片。

“扑克桥”任务卡片

①　用提供的扑克牌和剪刀制作一个桥梁结构；

②　桥梁的形状和大小不限；

③　将桥梁放置在桌面上，除两端外，中间的任何部位不可接触桌面；

④　桥梁的跨度越大越好；

⑤　所提供的工具不得构成其结构部分，否则不计分。

教师宣布将举行“扑克桥”搭建比赛，小组合作进行搭建，并评出前三名。有部分学生在活动初期就表现出了畏难情绪。

教师“故意”设置一个看上去就有难度的实验任务，实则在提醒学生这次探究过程中存在着障碍，有一定的挑战性，要做好充分的心理准备。这样可以激发学生的探究欲望，促使学习者自发地查阅相关资料，掌握更多的桥梁知识，这比教师的“教”更利于学生基础知识的积累。

（二）家校沟通，引起关注

父母之爱对孩子的心理弹性发展起着至关重要的作用，教师可以加强家校沟通，强调此次活动的重要性，从而引起家长对孩子学习的关注，并说明情况，希望得到家长的支持与配合，比如课前陪孩子一起上网查找资料等，以避免孩子表达不清造成和家长之间的误会。

布置完任务之后，教师发了一条信息："家长您好！下周科学课将举行'扑克桥'搭建比赛，请您帮助孩子做好赛前准备工作，支持孩子查找桥梁的相关资料，并鼓励孩子积极参与活动，有任何不清楚的可以问我，谢谢配合。"

以五年级三班 50 人为例，78% 的家长能够给予简单回复，不难发现，这最起码保证了大多数孩子可以顺利地做好课前准备工作；还有 12% 的家长能与教师进一步沟通相关的细节，表现出了对这次活动的关心；还有 4% 具有桥梁知识专业背景的家长阐述了自己对"扑克桥"的设计方案。

一则通知，搭建起了学校与家庭的桥梁。有了家长的鼓励和支持，孩子会对学习任务更加重视。在学校里也能听见一些学生说起家长对此次活动的一些支持。例如，"我爸爸陪我找了很多桥梁的图片。""妈妈说了要认真对待这个比赛，会给我奖励。""我爷爷是设计师，他告诉我应该……"等等。同时，教师也可以引导学生在面对一些难以排解的问题时，主动向家长或教师寻求帮助，拓宽自己排解压力的路径，进而增强心理弹性。

（三）目标合理，激发动力

对于课堂教学活动来说，课堂教学目标意义重大。由于目标所指的是期望学生从学习经历中获得的成果，因此，它必须与学生的需要、兴趣相联系，更多地关注与学生的年龄层次、经历背景相适应的学生的特点。只有从学生已有的知识层次、思维层次、技能层次等出发，把课程目标落实，"实"起来，才有可能使教学目标内化为学生的学习成果。

活动开始前，教师先布置具体的任务：每个小组需要合作完成一座"扑克桥"，要保证桥梁能支撑起来，然后再测量跨度的长短。制作时间为 35 分钟。

这样合理清晰的学习目标能够有效地激发学生的学习动力，任务中特意强调了在完成桥梁的基础上再考虑增大跨度，其实也是提醒学生一开始目标不要定得太高，以免完不成基本任务而有挫败感。要让学生明白目标是可达到的，而不是从一开始就有畏难情绪。

（四）鼓励及时，增强信心

教育学理论告诉我们，每个学生都是有进步要求的，都希望别人认为自己是一个好学生。《学习的革命》一书中有这样一句话："如果一个孩子生活在鼓励中，他就学会了自信；如果一个孩子生活在认可之中，他就学会了自爱。"

因此，当学生在实验中遭遇"小情况"时，教师在巡视过程中要适时伸出援助之手，及时给予学生鼓励，这样可以增强他们的自信心，让他们勇于解决问题。

例如在搭建活动中，正当学生们信心满满地把桥墩安上时，难题出现了——桥面过长、桥墩不稳导致整个桥体坍塌。多次尝试都失败后，教师看到学生们垂头丧气的样子却"不按常理出牌"，提出要表扬他们。教师首先肯定了大家锲而不舍的精神，同时也告知他们现实生活中一座桥梁的设计方案可能要经历多次的修改和完善。

此外，还可以通过举生活中的例子、科学家的故事来培养学生的永不言败的科学精神。一句夸奖，一个眼神，就会把学生的积极性调动起来，把教师和学生的距离拉得更近，心理环境更好。例如，适当提示"你们还记得我们曾经学过的站在手指上的鹦鹉吗?”，引导学生考虑将桥墩做矮一些，降低重心，用多余的牌把桥墩加重。一个小小的点拨就能打开学生的一扇窗，由“站立的鹦鹉”启发学生降低重心，采用支架教学法促进知识迁移。这无疑是学生在情绪处于最低谷时抓到的一根“救命稻草”，在教师正确的指导之后，所做的努力有了一定成效，获得了自我效能感，呈现出“越挫越勇”的发展态势。

（五）正视挫折，敢于抗压

“骄兵必败，哀兵必胜。”哀兵在经历了挫折失败后，内心有着一种要战胜对手的强大能量在支持着自己，即积极的心理弹性促使着他们努力，直至战胜对手。学校要适度地进行挫折教育，掌握好学生心理发展的动向。

在活动中，有的学生为了赢得比赛，努力加长桥面，结果在测试过程中，由于桥面自重太大，拼接处不牢固，导致桥体坍塌。然而教师和家长心中的“学霸”却难以接受这样的“败绩”。此时，教师适时安慰，提供情绪价值，引导学生正视挫折，以平常心看待结果，好好分析失败的原因，调整拼接的方式，并鼓励其查找资料完善设计方案，利用课后时间再做一个，完成作品的迭代升级。“化挫折为力量”，从而获得积极的心理弹性，增强抗压能力。

遭遇困境迎难而上的能力对于一个人的成长与成功至关重要，把困境与失败看作是走向成功的必经之路。当学生有了较强的心理弹性时，一般不会在遇到障碍时放弃，而会明白可以通过从家人、教师和同学那里获得帮助，通过储备更多知识，通过自身的创造力以及对目标的执着来克服。他们深知在学习中需要应对失败或徒劳的感觉。

心理弹性是一种动态发展的过程，而当学生在面对困难时是教育的最佳时期，需要教师能够细心观察，及时发现学生的这种潜在学习能量，采用有效的教学策略来发挥心理弹性的积极性，引导学生树立战胜困难的信心，使学生的这种巨大的潜在学习能量得到更好的激发。学生在科学学习中不断内化这种能力，夯实强大的心理基础，为日后更好地投入科学探究提供强有力的保障。

【作者简介】潘璐，女，江苏省南京市汉江路小学大队辅导员，一级教师。

参考文献

[1] 任凯，黄少甫，鲁思·克瑞克.“学习能量”的意蕴和测量［J］.教育导刊，2020（01）：5—11.

[2] 张卓尔.心理弹性在教育中的应用［J］.课堂内外（小学教研），2022（08）：1—3.

[3] 刘晓晓.中日小学生挫折教育对比探析［J］.教育实践与研究，2023（06）：58—60.

[4] 李霞.基于核心素养的小学科学思维型教学模式研究［D］.西安：陕西师范大学，2018.

水墨童心

——让趣味水墨传承国画美

◎ 王龙娣 / 江苏省盐城市潘黄中心幼儿园

摘　要　水墨画是我国具有悠久历史的传统绘画艺术，氤氲淋漓的水墨韵味、浓淡相宜的表现手法、快速成型的绘画效果、虚实相间的艺术效果，符合幼儿的作画特点，能引发他们的绘画兴趣。课程游戏化实施以来，幼儿有了更多的创意空间，教师引导幼儿通过环境的熏陶、拓展水墨内涵、积累创作源泉、激发创作灵感、丰富表现手法等方式，让孩子们快乐地徜徉在水墨游戏中，体验趣味水墨画创作的快乐。

关键词　幼儿　水墨　国画

水墨画是我国传统画中的一种主要形式，水墨画活动能够激发幼儿的创造性思维，促进幼儿创造力的发展。儿童趣味水墨画符合幼儿生理、心理、年龄特点，成为发展幼儿丰富想象力的美术活动形式。教师挖掘水墨画中适合幼儿创作的元素，利用水墨画的特点，开拓适宜的课程，开展创意水墨画活动，借助水墨画活动培养幼儿的创造力，让幼儿大胆挥洒笔墨，尽情地沉浸在水墨画的创作中。

一、环境——潜移默化熏陶

《幼儿园教育指导纲要》指出：“环境是重要的教育资源，应通过环境的创设和作用，有效地促进幼儿的发展。”环境在幼儿水墨画创作中起到十分重要的作用，教师和孩子应共同创设有利于幼儿关注、欣赏、尝试水墨画的良好环境。教师在大厅开辟“水墨角”，悬挂画有水墨画的扇子、手绢，摆放文房四宝、笔墨纸砚，陈列有水墨画图案的瓷器、工艺品等，营造具有传统特色的水墨韵味，让孩子潜移默化地感受国画精粹之美。提供的水、墨、颜料、宣纸、笔等工具和材料，可以让幼儿自由自在地探索水墨画的乐趣。在家庭美育指导时，教师走进幼儿家庭，指导家长创设相应的绘画环境，让孩子在家里也能随时欣赏，想画就画。大师的画，孩子的画，家长的画，教师的画，不同层次的画展示在一起，使孩子在不知不觉中受到水墨画历史、主题、色彩、线条、技巧等熏陶，别有一番趣味，孩子一到“水墨角”就兴趣盎然，跃跃欲试了。

二、生活——拓展水墨内涵

“生活是创作的源泉”，在孩子们进行水墨创作时，教师充分挖掘本土特色资源，为水墨画创作提供了优越的地方资源。我园地处城乡接合部，有独特的乡村田园风光：千亩稻田、仰徐生态园、小马沟景观绿廊等数十处景点，教师和孩子们一起去寻找生活中的美，画身边熟悉的景色，画家乡的风土人情：田园小舍、绿水长廊、金黄麦浪、炊烟袅袅、树木葱茏，构成了一派欣欣向荣的田园风光，为师生营造了浓郁的艺术氛围。开学初，教师组织大班幼儿开展画“小马沟景观绿廊”的水墨活动。孩子们带上画笔，先游览景观，再进行创作，他们以地为席，以石头、台阶为地，用色无拘无束，构图大胆夸张，自信地表达对美丽家乡的认识，创作出了一幅幅绚烂的美景。

三、观察——积累创作源泉

孩子有一双发现美的眼睛，让幼儿走进自然，欣赏名家作品，创造力会得到提升。在教师带领幼儿走进大自然观察和欣赏名家的水墨作品前，教师会明确观察目的，提醒孩子注意观察的重点。教师言简意赅的语言提示起到很好的作用，比如让两组孩子随意去看一幅动物的画，如果幼儿教师对其中一组不提出任何的观察要求，而对另一组幼儿则提出要求让他们在观察后将动物描绘出来，教师会发现后者带着目的的观察往往会取得更好的效果。

幼儿的发展尚不成熟，他们对于事物的观察往往会受到局限。教师会引导幼儿尝试从整体去感知国画的绘画特点，让幼儿能够仔细观察，从整体中把握国画的特点。在进行《竹》的写生活动中，教师带孩子们来到翠绿的竹林，引导他们仔细观察：细长的竹节、嫩绿的竹叶、尖尖的竹笋……让孩子尝试用浓淡的墨、粗细的线条、形态各异的姿态去表现自己喜欢的竹子。结合并借鉴名家的大作，激发幼儿的创作灵感，孩子们尝试抓住竹的典型特征，画面饱满，布局合理，并能和同伴分享自己的作品，提高了水墨画的表现能力。

四、游戏——激发创作灵感

幼儿最喜欢的是游戏，他们的水墨画，就是做水墨游戏，“玩”出韵味。孩子通过各种感官的“玩”与游戏，感受到了水、墨、毛笔、宣纸的特性和韵味。教师尊重幼儿的兴趣和需要，“趣”化引导：玩“点”、玩“线”、玩“形”、玩“色”，“一点是石头，两点变鸟儿，许多点点排一起，变成毛毛虫爬呀爬……”用各种不同的材料让孩子大胆涂鸦，以情境创设、游戏穿插来激发幼儿的兴趣，让孩子在游戏中去创造、享受童趣，让“玩”的过程成为幼儿体验、感受、表达、创造的过程。

教师巧妙地通过游戏让幼儿尽情发挥自己的想象力，通过水墨画来表达自己的想法。如：拟人化的讲述方式能让孩子很快掌握作画的特征、表现方法，例如在水墨“花之韵”的指导过程中，中锋、侧锋画花心、花瓣时，教师可以用拟人化的方式：毛笔宝宝睡会儿，头儿（笔锋）尖尖向上，肚儿圆圆（笔肚）向下，睡在可爱的小枕头（花心）上，一朵一朵又一朵……在趣味性的话语中，幼儿很快理解了侧锋用笔的方法，激发了强烈的作画欲望和兴趣，一幅幅生动形象的花朵图跃然纸上；还可以采用印染法、拓印法、吹画法、喷画法、流淌法、破墨法等多种表现方法，让幼儿感受水墨画的丰富性，以激发幼儿的表现力、创造能力；随着幼儿手控制毛笔的稳定、灵活，学习增加一些情节，还可以增加颜色的调配，让颜色变魔术。“白点点，红点点，碰在一起点点头，点出一个粉花花……”小魔术师们挥动手中的“魔笔”变出千变万化的色彩。在惊奇和欣喜中，技巧与创造相互融合，幼儿犹如进入一个充满想象的美丽世界，体验了强烈的成就感并树立了自信。

五、创新——丰富表现手法

创新让幼儿的水墨画更具特色，教师为幼儿创造主动发现学习的机会，激发幼儿的创新潜能，将创新思维的培养和技能技巧的学习有机结合起来，在激发中创新，在创新中学习技法，使绘画变得生动有趣。在国画《美丽的鱼》活动中，孩子们用小手掌蘸了墨在宣纸上印下小掌印，再用毛笔进行勾边、添画，最后用牙刷蘸颜料摩擦、喷绘出五彩缤纷的海底世界。每条鱼各具形态，都有自己的故事，孩子们聚在一起叽叽喳喳，海底世界的故事精彩纷呈。教师的游戏还拓展到了室外：野趣园里摆放的木柜，孩子们在上面勾勒出美丽的线条，用水墨和淡彩给木柜穿上漂亮的外套；种植园地的罐子、鱼缸、栅栏等在孩子们的巧手创作下，变身成了一个个水墨艺术品；废旧的轮胎瓶罐、改装的衣物鞋子、城墙的砖瓦、陶泥作品等都有了孩子的水墨痕迹，为园所营造了丰富的艺术氛围。

“教无定法，贵在得法。”水墨画的独特魅力，激发了幼儿创作的热情，师幼在水墨渲染中共同探讨描绘童心世界的情趣，这是一个相互学习、共同成长的过程。教师在实践中，利用多种方法真正提高了幼儿创作水墨画的兴趣，让幼儿在快乐的水墨游戏中去感悟、体验，去发现水墨世界的神奇与魅力。让教师继续带领幼儿徜徉水墨世界，尊重儿童，聆听儿童，学会观察，改进教学理念，与孩子们一起探讨，一起挥毫泼墨，收获共同进步的乐趣。

【作者简介】王龙娣，女，江苏省盐城市潘黄中心幼儿园教师，高级教师。

讲学稿

——关于教学方法的探索与创新之十三

◎ 周成平 / 江苏第二师范学院

讲学稿的首倡者是江苏省南京市溧水区东庐中学的陈康金校长。从1999年开始，该校在陈校长的带领下大力推行以“讲学稿”为载体的课堂教学实验，在教学方法上大胆探索，走出了一条轻负高效的课堂教学创新之路。2005年1月2日《中国教育报》在头版头条以“减负增效靠的是‘讲学稿’”为题全面介绍了东庐中学课堂教学改革的情况，由此讲学稿很快为世人所知晓，东庐中学由此在全国产生了较大的影响。

与曾经的洋思中学以及杜郎口中学相仿，东庐中学也曾是一所普普通通的农村初中，如同一束墙角之花，默默无名，无人知晓。在过去很长的时间里，全校只有一名高级教师，教学质量平平，升学率较低。只是因为学校离县城较近，很多人把它作为进城的跳板而已。然而，穷则思变，后起直追。为了改变学校的落后面貌，自1999年起，陈康金校长首先从数学学科试行采用讲学稿的方式对课堂教学进行大幅度的改革，取得明显成效后，于2000年在全校推广。讲学稿的采用极大地调动了学生学习的积极性和教师教学的创造性，由此东庐中学的教育教学质量和升学率等一路攀高，成为远近闻名的一所名校。学校先后获得了“南京市教育教学突出贡献奖”“江苏省初中教育研究先进集体”“江苏省首届基础教育教学成果奖特等奖”“全国优质品牌学校”“国家级教育改革特色学校”“全国教育系统先进集体”等荣誉称号。

那么，究竟什么是“讲学稿”呢？简单地说，讲学稿就是一种集教师的教案、学生的学案及作业练习、检查测试等于一体的“教学合一”的课堂教学样态。长期以来，人们对中小学课堂教学的理解往往就是教师教、学生学，这种“我教你学”已成为一种对教学理解的思维定式。在这种认识的框架下，教与学被肢解开来，教师只是知识的搬运工，而学生则是知识的接受者；教师只管装填，学生成了容器，最终导致了教与学二元对立的矛盾状态的形成。而东庐中学的讲学稿则较好地解决了这一问题，使教与学两个方面合二为一，真正把教与学的过程变成了“教学合一”的有机整体。

东庐中学的“讲学稿”的突出特点是：

一是课堂教学过程的“教学合一”。讲学稿不同于其他的教学方法，它具有课堂教学内容与形式相统一的特征，是集教师的教案、学生的学案以及作业、测试和复习资料于一体的师生共用的教学研文本，也是教学研合一的载体。讲学稿的突出特色就是从学生的实际情况和具体的学习目标出发，在教师占有资料、认真备课的前提下，把学生所要掌握的知识和能力精心设计成问题的形式来进行探索与学习。在这里，教与学不再对立甚至分裂，而真正实现了合二为一。

二是突出学生学习的主体地位。在“我教你学”的状态下，教师的备课往往偏重对自己的“教”进行全面的设计和安排；在应试的背景下，对接和遵循的主要是考试的要求与目标，而学生则常常处于被动适应的状态。讲学稿则“一反常态”，在“教学合一”的目标下把教师的教案和学生的学案等整合到一起，一切以学生的学习为中心，突出学生的主体地位，教师在撰写讲学稿的过程中始终把学生摆在首要的位置，学生的自主学习成为教师撰稿的核心要素和主要线索，因而讲学稿作为“学案”的特点十分明显。

三是强化学生学习的自主探究。但凡先进的教学方法，教师一般都不会在课堂上唠唠叨叨、喋喋不休、没完没了，而是把课堂上的时间让出来，让学生享有更多自主学习的时间；而且，教师一般也不急于“现身”，而是在必要且关键的时候进行有效的点拨与指导。东庐中学的讲学稿则充分体现了这样的特点。在东庐中学的课堂上，大量的课堂时间都由学生自主支配，新课程改革所倡导的自主探究式学习已蔚然成风，通过探究来建构和掌握知识已成为许多学生所常用的学习方式。

综上所述，我们认为，东庐中学的“讲学稿”是一种极具创新意义的课堂教学样态，其方法简明扼要，行之有效，轻负高效。这正如《中国教育报》所介绍的那样：“东庐中学尝试进行以‘讲学稿’为载体的‘教学合一’的教学改革，探索出一条教育观念新、教学方法活、学生负担轻、教学质量高的新生之路。”

【作者简介】周成平，男，江苏第二师范学院教授。

“双减”政策背景下普通高中课堂教学改革探索

——“分层设计　分步递进　分类评价”课堂教学模式的实践

◎ 蒋选荣 / 江苏省扬州市新华中学

摘　要　通过在普通高中课堂教学改革中实施“分层设计　分步递进　分类评价”课堂教学模式，提高课堂教学质量，从而探索有效减轻高中学生过重学业负担的具体路径。“分层设计　分步递进　分类评价”教学模式主要通过教学目标的分层设计、教学过程的分步递进、教学效果的分类评价三个环节进行改革，达到学生实现学习目标、教师实现高效课堂的“教”与“学”高质量发展。

关键词　“双减”政策　课堂教学改革　教学模式

由于社会、学校、教师、家长、学生长期以来对于高考评价的核心功能认识不清晰，对考查内容、考查要求理解不到位，导致普通高中学生承担了过重的课业负担，在“作业负担”“校外培训负担”等方面比义务教育阶段学生表现得更为突出。“双减”政策虽然没有对高中学生的作业负担提出要求，但《中小学学生近视眼防控工作方案》明确提出高中生作业时间不超过120分钟（以中等水平学生完成作业时间为准），这也是与调查结果中高中学生的心理认知期望相一致的。

一、课堂教学模式改革背景

如何在新时代“双减”政策背景下“减负提质”，是普通高中课程实施的一个新命题。教师只要把课上好了，学生听懂学会了，家长也就不必再去请家教。如何把普通高中学校办好，把课上好？在“双减”政策指引下，学校应着力建设高效课堂，提升教学的内涵和效率。“双减”政策倡导减负，减轻负担不意味着降低质量，其目的在于增效，根本在于激发学生的学习内驱力。

《国务院办公厅关于新时代推进普通高中育人方式改革的指导意见》中明确指出，适应学生全面而有个性发展的教育教学改革深入推进，提高课堂教学效率，培养学生学习能力。学校教育应不断深化课程改革，创新教学方式，让学生在学校内实现优质学习，减少对校外培训的依赖。普通高中教育改革的落脚点应该在课堂，课堂的变革涉及办学理念、教学观念、教学设计、教学过程、教学方式、评价体系等整体性和结构性的创新，仅从学科层面或教学层面去实施课堂教学改革，很难从根本上把学校从应试教育的泥潭中拔出来，一门或几门学科的课堂改革，也难以彻底解决学生过重的课业负担。学校只有整体性、系统性设计课堂教学改革规划，整合学校管理系统、教学系统、科研系统、保障系统资源，形成合力，从课程实施、校本教研、课题研究、学科教研等维度全方位推动课堂教学改革。

二、“分层设计　分步递进　分类评价”课堂教学模式的提出

扬州市新华中学基于“分层教学”模式实践经验总结，通过在课程实施过程中对教学目标的分层设计、教学过程的分步递进、教学效果的分类评价等逻辑步骤和操作程序的理论和实践研究，探索形成了“分层设计　分步递进　分类评价”课堂教学模式（简称为“‘LSC’课堂教学模式”）。实施的“LSC”课堂教学模式突出“教—学—评”教学系统整体性设计，旨在通过课堂教学改革，提升教学质量，减轻学生过重的学业负担。

“分层设计”是指根据布鲁姆的教育目标分类学理论，依据学科课程标准中课程目标的具体要求，考虑到学生知识基础、学习能力、个性特征等因素的差异，同一教学内容可以设置成低阶、中阶、高阶三个层次的目标，所有学生实现低阶教学目标，大部分学生实现中阶教学目标，少数学生实现高阶教学目标。本研究中“分层设计”是指在教学目标的统领下，体现分层教学思路的教案、学案、作业纸的整体性设计。

“分步递进”是指根据“最近发展区”理论，依据教学目标，遵循学生的认知能力和水平，利用教案和学案中创设的“教”和“学”情境，使用有效的教学方法，利用恰当的教学资源，通过不同的教学环节分步实现教学目标，实现学习过程的“循序渐进”。

“分类评价”是指根据教学目标的层次、学业质量水平的等级要求，基于教学内容的差异，对处于不同发展水平的学生进行分类评价，评价内容包含核心价值、学科素养、关键能力、必备知识四个方面，每个方面设置成不同水平要求，对应不同类型学生的“最近发展区”。

分层是为了分步和分类。分层是教学目标的设计，是分步递进、分类评价的统领和依据；分步是课堂组织教学的过程，是目标达成的路径，是分类评价的前提；分类是目标达成的评价，是分步递进效果的反馈。“LSC”课堂教学模式如图 1 所示。

三、“LSC”课堂教学模式的实践策略

1. 以理论研讨为引领，指导“LSC”课堂教学模式的教学设计

“最近发展区”理论和“先行组织者”理论是“LSC”课堂教学模式中“分步递进”的最重要的理论支撑。“LSC”课堂教学模式中教师需要充分利用各种教学评价手段对学习者的“最近发展区”进行不断的动态评估，利用“分类评价”的结果对“最近发展区”进行重新设定。

“支架式教学”是“LSC”课堂教学模式实践的有效策略之一。支架式教学就是为了达到设定的教育目的，由教师设计实施，为学生提供必要的帮助指导，随着学生水平提升或情况变化而不断调整帮助指导的方式

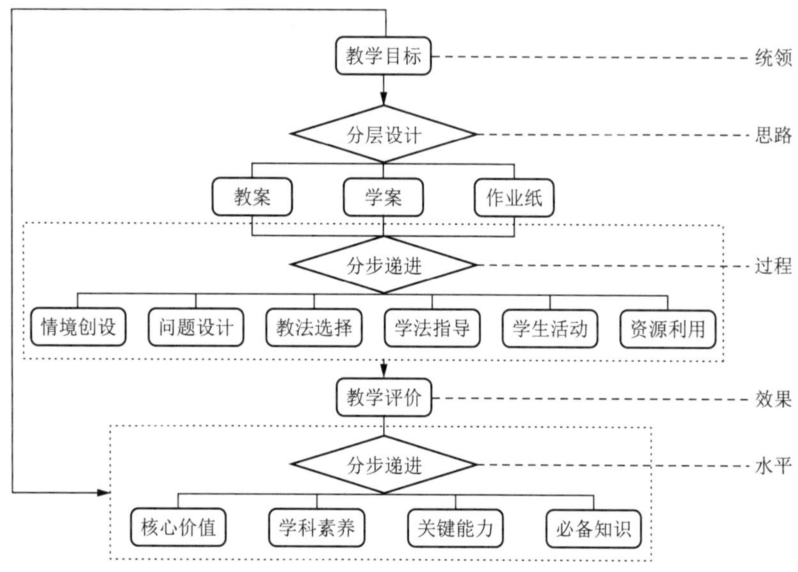

图 1 “LSC”课堂教学模式

或内容，直至撤销支架，使学生在教师的帮助指导下或在有能力的同伴的帮助下实现主动学习的系统的教学过程。若学生在“分步递进”的每一“步”不能达到阶段目标，势必影响下一“步”的学习进阶。而学生跨越“最近发展区”，达到“潜在发展水平”，需要教师提供必要的“支架”。

2. 以“两案一纸”编制为抓手，开展“LSC”课堂教学模式研究

“两案一纸”是指教案、学案、作业纸。本研究将教案、学案、作业纸分开设计，教案是教师的教学方案，学案是学生的学习方案。教案重点设计教师的“教”，行为主体是教师。学案重点设计的是学生的“学”，行为主体是学生。

“LSC”课堂教学模式下教案和学案中的教学目标和学习目标都需要分层设计，教案中的“教学目标”是从教师“教”的角度来制定的，“学习目标”是从学生“学”的角度，以学生为主体进行描述的。如“减数分裂和受精作用”（第一课时）教案和学案中的目标设计如下。

教学目标：

（1）利用教材中精子形成过程的图解，引导学生建构减数分裂不同时期的物理模型（细胞分裂图像），培养学生利用模型方法阐释减数分裂的科学探究能力。

（2）通过分析减数分裂不同时期染色体和 DNA 数量的变化，引导学生建构减数分裂的概念，培养学生的科学思维能力。

（3）分析哺乳动物精子形成过程图解，引导学生阐明减数分裂的意义，培养学生阐释生命现象及规律的科学思维的能力。

学习目标：

（1）通过分析精子形成过程的图解，建构减数分裂不同时期的细胞分裂图像物理模型，能准确描述减数分裂过程。

（2）通过分析减数分裂不同时期染色体和 DNA 数量的变化，建构减数分裂概念模型，建构减数分裂概念。

（3）通过对教材中哺乳动物精子形成过程图解分析，能举例说明配子形成过程

中遗传物质的变化，阐明减数分裂的意义。

教学目标是教学的出发点和归宿，是课程目标在学科领域的分解细化与落实，决定着教学活动实施的方向和预期达到的教学效果。教学目标1—3分别对应学习目标1—3，围绕“精子形成过程”教学内容，依据“分层设计”思想，教学目标1是最基本目标，是面向所有学生的，教学目标2是建构概念，是面向大多数学生的，教学目标3对学生逻辑思维能力要求较高，是基于已有经验“有丝分裂相关知识”基础之上的，属于少数学生能实现的目标。

教案和学案依据教学目标设计不同教学环节，通过情境创设、活动设计、任务布置、探究性学习等教学步骤实现教学目标，实现学习过程的“循序渐进”，即教学环节的“分步递进”。

作业纸编制依据教学目标和课程标准中学业质量水平要求、高考评价要求、教材内容并结合学情。习题需要精选，不是教辅资料的简单重复，更不是试题集的复制粘贴，而是针对学情和教学内容的一种评估反馈。作业纸中的试题有难度梯度设置，基于学生个性差异及激发学生学习兴趣的需要，同一学业质量水平的作业设计成不同情境的问题，供学生选择性完成。

3. 以科学管理为保障，分步推进课堂改革的深入

为确保学校“LSC”课堂教学模式高效有序实施，学校由校长牵头成立课堂教学改革领导小组和工作小组。由教学副校长具体负责，对教学模式实施、推广各个环节进行督促检查，每月召开两个层面的汇报会（备课主任向教务处汇报，教务处向学校行政会汇报），及时跟踪检查。

在推进步骤上，首先，在全校不同层面宣传课堂教学改革背景、理念，组织全校教师学习“LSC”课堂教学模式的具体实施要求。其次，全校教科研工作以课堂教学改革为中心，通过校本教研形式逐步实施和推广。最后，通过专家听课、评课、指引，改进教学模式的实施策略，形成具有学科、学段特点的课堂教学模式，在此基础上，通过教学公开课、学术论坛等形式进行推广。

教研组、备课组在实施课堂教学改革过程中，对使用过的教案、学案、作业纸、课件等教学资源进行整理和完善，经教务处审核后，及时上传学校资源库平台。

四、“LSC”课堂教学模式实施的意义

1. 探索立德树人校本化落实机制

适应新时代高中育人方式改革要求，从教的设计转向学的设计，教师的教学设计从教案设计走向学案设计。学生个体存在着差异，在不改变以班级为教育基本单位的基础上，本研究力求让各个层次的学生都能找到适合自己学习的最优方式，最大限度地发挥课堂的实效性，突出学生的主体地位，探索出科学的、公平的教育方式，为学生提供“适合的教育”，尽可能地促进每一个学生的学习与发展，实现学科育人目标导向下的教学、学习与评价的统一。

2. 目标分层推动课堂教学改革

目标分层设计推动了教学方式的变化，教学方式的变化是课堂教学改革的关键。通过教法改进，引导学法变化，教师要变“以教代学”为“以教促学”，学生要变“被动学习”为“主动学习”。通过教学情境的创设，将教学目标分成若干个教学环

节（步骤），引导学生开展自主、合作、探究性学习等主动学习方式，将新知识与原有认知结构中有关经验建立逻辑联系，从而自主建构知识，形成概念。

3.“教—学—评”的一致促进学习发生

遵循学生的学习思路须得在思考如何开展教与学活动之前，先要努力思考此类学习要达到的目的到底是什么，以及哪些证据能够表明学习达到了目的。教学目标分层设计贴近各类学生的“最近发展区”；教学过程分步递进为学习的发生提供脚手架；教学效果分类评价既是对学习效果的检测，又为新的教学目标的制订提供了依据。“LSC”课堂教学模式从“教—学—评”三个环节促进了“真正的学习”的发生，促进学生学科素养的发展。

4. 探索减轻过重作业负担的实践

通过对教案、学案、作业纸等教学环节的整体优化设计，提高了教与学的效率，切实摒弃了通过加大作业量、增加课时让学生“被动刷题”“机械式学习”“重复学习”等做法，学生有了更多的自主时间，学校体育课变成了每周3课时，学校开设40多门校本选修课供学生自主选择，五育并举促进了学生身心健康发展。

［本文系江苏省教育科学“十四五”规划2021年度重点课题“‘分层设计　分步递进　分类评价’课堂教学模式研究”（编号：B/2021/02/123）成果之一］

【作者简介】蒋选荣，男，江苏省扬州市新华中学副校长，江苏省人民教育家培养工程培养对象，特级教师，正高级教师。

参考文献

［1］顾明远．“双减”的最根本出路是办好每所学校［N］．人民政协报，2021-12-08（009）．

［2］崔勇．“双减”政策下的高品质课堂内涵特征和建设实践［J］．教育科学论坛，2022（01）：3—6

［3］周洪宇．“双减”政策落地应回归立德树人初心［J］．中国教育学刊，2021（12）：2.

［4］张晓林．分步递进 分层达标——“一次函数”教学实录与反［J］．中学数学月刊，2018（05）：1—5.

［5］刘宁，余胜泉．基于最近发展区的精准教学研究［J］．课程与教学，2020（07）：77—85.

［6］朱航．支架式教学模式初探［J］．中学教学参考，2021（30）：53—55.

［7］张改相．基于核心素养的高中生物学教学目标的制订［J］．生物学通报，2022，57（02）：38.

［8］郭元祥，刘艳．我国教学设计发展20年：演进、逻辑与趋势［J］．全球教育展望，2021，50（08）：3—14.

［9］格兰特·维金斯，杰伊·麦克泰格．追求理解的教学设计（第二版）［M］．闫寒冰等，译．上海：华东师范大学出版社，2017.

在语文小研究学习课堂中提升核心素养

◎ 鲁卫红 / 江苏省南京师范大学附属小学

摘 要 南京师范大学附属小学努力构建小研究学习课堂，形成了问题导学、内容创生、活动体验、多元互动、激扬评价的基本环节，建立了“阅读欣赏型”“创意表达型”及“主题性学习型”的小研究学习课堂实践样态。

关键词 核心素养 小研究学习 基本环节 实践样态

近年来，南京师范大学附属小学以“立足新时代，聚力新课程，像斯霞老师那样教语文”为核心主张，以“基于语文核心素养培育的语文小研究课堂研究”为引领，建构了问题导学、内容创生、活动体验、多元互动、激扬评价的基本环节，形成了“阅读欣赏型”“创意表达型”“主题性学习型”等小研究课堂实践样态，收到了较好的教学效果。

一、语文小研究学习课堂的基本环节

所谓“小研究学习”，是指儿童带着研究的视角和眼光，以一系列富含“研究”意蕴的问题为抓手，进行自主的、合作的，重在探索和发现的学习活动。小研究学习的主要环节包括：问题导学、内容创生、活动体验、多元互动、激扬评价等。

（一）问题导学

此环节重在从儿童出发，基于儿童的学情、立场、特点，连接儿童经验，创设多元情境，以真实问题为教学起点设置问题并贯穿教学全程，让学生经历发现问题、求解问题，深入思考、形成判断，梳理统整、创意运用等真实的学习体验，扎实有效地发展语文核心素养。

教学《月迹》一课，首先，教师出示题目，引导学生提问：“月亮的足迹出现在哪里?”初读文本后，学生借助小研究，圈画关键词，完成月迹思维导图，教师顺势提问：“在寻月的过程中，有哪些有趣的地方呢？”在这一环节，学生通过自主学习，批注阅读，从中堂到院里再到院外，把找月亮的过程中有趣的地方画出来，旁边写下阅读感受，体验寻找月亮的乐趣。其次，学生在合作学习中，与同伴讨论交流，联系生活，说说对“玉玉的、银银的”月光的理解；在小组汇报中，教师及时介入发起师生互动，带领学生体会语言文字中蕴含的情感。最后，教师将课文进行适当改编，将语言文字改编成小诗的形式，从而突出叠词的独特表达效果。学生在“寻找乐趣”这个问题引领下，通过生生互动、师生互动对比辨析语言文字，加深对语言文字的理解能力，达成言语理解目标。

（二）内容创生

内容创生即教学内容的再创生成。教学内容不等于课文和教材，也不等于一篇文章、一组文章、一个任务、一个作业，需要我们围绕教学目标，将它们与时代发展、相关文本、学生生活实践实现链接，鼓励“再创造”，转化为适合的教学内容。在学习《月光曲》一课时，可将贝多芬的钢琴曲《月光曲》融入课堂中，在理清课文内容的基础上，让学生聆听《月光曲》的部分乐段，让学生身临其境，感受乐曲的美妙旋律，找出课文中描写音乐的相关段落，感受文字所描述的音乐旋律变化，并在头脑中想象画面，再通过朗读把自己的感受表达出来，有效地让学生进入乐曲描述的美妙境界，切身体会音乐带给每个人的丰富想象，感受艺术的魅力，为学生借助语言文字展开想象提供了依托，有效落实了单元语文要素。内容创生带来了不同的教学价值，一方面提高了学生阅读理解能力，另一方面提升了学生文化审美和创意表达素养。

（三）活动体验

设计、实施学生真实参与的课堂学习与生活实践活动，让学生在小研究中创生、在共享过程中习得语文知识、关键能力、必备品格，发展语文核心素养。以五年级下册第六单元为例，单元围绕“思维的火花”，编排了《自相矛盾》《田忌赛马》《跳水》三篇课文、习作《神奇的冒险之旅》和语文园地，先让学生“快速默读课文，概括故事内容”，学生很快发现了三篇文章的共同点——都包含人物的思维过程。聚焦“思维”指导学生再读故事，思考每篇文章中的人物的思维历程：《自相矛盾》中“其人弗能应也”的原因是什么？《田忌赛马》中孙膑为什么要让田忌这样安排马的出场顺序？《跳水》中，在那个危急时刻，船长是怎么想的？他的办法好在哪里？在交流的过程中引导学生用语言、图示等丰富的形式，将人物的思维过程可视化。在此基础上学习语文园地中交流平台，引导学生对“了解人物的思维过程，加深对课文内容的理解”这个语文要素进行交流、总结。先点明了解人物的思维过程对理解课文内容的作用，接着列举了《田忌赛马》和《跳水》两个例子。在此基础上，总结出解决问题的一般思路，即先分析当时的情况，推理出不同的方法，再判断最好的方法，最后选择合适的办法去解决，意在引导学生有意识地尝试将课堂所学运用于自己的实际生活。

（四）多元互动

培养语文核心素养的小研究课堂，倡导启迪智慧、动态生成等教学观念，倡导从“独白”走向“对话”，改变原有的课堂师生二元关系，展开民主、开放、积极的教学互动方式，创设以学生学习为中心的共同体学习和参与式学习环境，形成良好的学习情境和心理氛围。比如，执教文言文《书戴嵩画牛》《伯乐鼓琴》等课文，改变了以读准确、读出节奏、读懂意思、熟读背诵的程式化教学，在读通的基础上展开三个回合的讲故事学习活动，营建了一个多元互动的文言学习场：第一个回合，结合注释联系上下文完整讲故事，学生相互提问、纠错和补充；第二个回合，想象画面还原场景、丰富故事、创造性讲述故事，师生合作讲故事、小组创意讲故事、比赛讲故事；第三个回合，模仿古人用文言讲故事，讲出古文韵味。

（五）激扬评价

指向语文核心素养的小研究课堂，要求实施以学生素养发展为本的激扬评价。激扬评价强调学习品格的评价，强调学习动力、学习能力和价值生成的评价，不仅注意评价对象的现实表现，更重视其发展“增值”。我们展开教师和学生、观课教师、家长、专家等多主体评价，从教学目标的激扬性、教学内容的适切性、教学过程的创生性、教学结果的增值性等不同维度实施激扬评价，采用多量表、反馈、访谈、问卷或测试等多种评价方法，并配套开发了多类评价量表，将激扬评价贯穿小研究学习的教学全程，实现课堂臻至“创造共享、生命共生”的全新境界。

二、语文小研究学习课堂的实践样态

语文小研究学习课堂充分突出语文教学的“问题情境、思维历练、实践体验”三要素，以创生与共享为主线，重视创设情境、引发探究，关注求解问题、深度对话，强化梳理整合、发现规律，突出链接生活、提升实践，根据课程内容和文本的丰富性与差异性，建立了“阅读欣赏型”“创意表达型”“主题性学习型”小研究课堂实践样态。

（一）阅读欣赏型

阅读是语文课程中占比最重的板块。我们展开了文言文、散文、神话、寓言等不同体裁的单篇阅读课例研究，建构了多篇对读、群文阅读、整本书阅读等阅读小研究课堂样态。比如，教学《杨氏之子》，我们构建文言文阅读小研究课堂：开课解题预知内容，提出质疑及兴奋点，学生带着兴趣和求知欲自主读文，练习读准字音读通句子……浓墨重彩推出“三回合讲故事”：“借助注释，讲清楚”，师生“巧问妙点”解字词；“发挥想象，讲生动”，教师抓住关键字词和留白点，引导学生想象补白、丰富故事、丰满形象；“模仿古人，传故事”，营造情境模仿古人讲故事，让学生巧妙达到熟读成诵。“三回合讲故事”将学生带入不断升级的挑战性情境场，在活动体验中达成理解文意、感悟形象、收获启迪、熟读成诵的学习目标，克服了“机械翻译、死记硬背、空谈道理”的文言文教学弊端。

我们还建构了群文阅读小研究课堂流程：学生自主阅读多篇文章，初探“相同”与“不同”点，确立议题；围绕议题自主阅读、圈画批注、梳理归纳；互动交流，聚焦议题，共建共享；引向生活，创意表达，提升认识，走向更广阔的阅读世界。

（二）创意表达型

我们变被动写作为创意表达，探索创意表达课五步教学法。以《多彩的活动》为例，“课前游戏，激发兴趣”“品味片段，领悟方法”“选点突破，初尝成功”“现场活动，说写同步”“完成初稿，创意表达”。我们还总结了文章的批改流程：营造评改氛围—赏析优点，鼓励作者—同桌合作，商评兼得—修改习作，创意表达—续改誊抄，体验成功。口语交际作为统编教材的重要课程内容，聚焦交际能力培养。我们还提炼了口语交际小研究课堂教学策略教学，比如《推荐一个好地方》《请你支持我》等课例：创设交际情境、明确交际话题；学生尝试交际，教师引导亮点；以范例为支架，学生对照反思、梳理方法；对接生活丰富语境，学生自选语境演练交际；创意评价、激励成功，导向现实生活中的自主交际和常态交际。

（三）主题性学习型

课堂不是学生学习的整个世界，世界才是学生学习的课堂。丰富的知识、丰盈的情感、思辨的头脑不仅源自书本和课堂，更源于生活和实践。语文主题性学习将学生引入超越课堂、越过围墙的生活大舞台，去阅读、游历、研究……学生以多样方式记录、表达、歌咏生活，体验“学科与生活同行”的新课程理念。我们引领学生开展多维度主题性学习活动：一年级开展“种子的旅行”，学生选种子、创建种子超市，介绍自己最喜欢的种子；二年级开展“我们的校园”，学生做导游向来宾们介绍学校美丽的校园；三年级“做劳动小达人”，学生体验家务劳动，记录过程与收获；四年级“我的家庭真人秀”，用表演等方式演绎家庭中的各种角色，表达对家庭角色的独特理解；五年级“创意生活手账”，用图片和文字记录暑期生活，留存美好回忆；六年级“我是金陵人”，游览南京博物院、明孝陵、中山陵等科技、人文、历史景观及场馆，做旅游攻略、旅行记录，为南京做广告宣传。这样的活动设计，以“融入广阔生活，体验研究语文”为主题引领，依据不同年段学生特点，引导学生以多种方式和途径体验生活，多样呈现与展示生活实践，培养“创意表达”的意识和能力。

多年的教学实践让我们深深地体会到，语文核心素养的“小研究学习”，克服了知识传授技能训练和以考试分数为中心的牵引式教学弊端，走向关注课堂真实问题和培育语文核心素养的多维互动创生共享。学生热忱参与课堂学习体验，兴趣盎然，语言实践充分，思考走向深刻，表达自信而具个性；教师积极投身小研究课堂实践研究，体验了语文教学的愉悦与成就，教学质量和效能显著提升。

【作者简介】鲁卫红，女，南京师范大学附属小学教师，一级教师。